LUCIANO RADI

Vida de
Clara
de Assis

EDITORA
SANTUÁRIO

DIREÇÃO EDITORIAL: Pe. Marcelo C. Araújo, C.Ss.R.
COORDENAÇÃO EDITORIAL: Ana Lúcia de Castro Leite
TRADUÇÃO: Artur Diniz Neto
COPIDESQUE: Luana Galvão
REVISÃO: Ana Lúcia de Castro Leite
CAPA E DIAGRAMAÇÃO: Mauricio Pereira

Título original: *Chiara D'Assisi*
© Cittadella Editrice, 1994
ISBN 88-308-0552-1

Capa: *Santa clara*, de Simone Martini
Basílica Inferior de São Francisco – Assis

**Dados Internacionais de Catalogação na Publicação (CIP)
(Câmara Brasileira do Livro, SP, Brasil)**

Radi, Luciano
  Vida de Clara de Assis / Luciano Radi; Tradução de Artur Diniz Neto. – Aparecida, SP: Editora Santuário, 1996.

  Título original: Chiara D' Assisi.
  ISBN 85-7200-304-5

1. Clara de Assis, 1193 ou 4- 1253 I Título.

95 – 3783   CDD – 282.092

Índice para catálogo sistemático:
1. Santas: Igreja Católica: Biografia 282.092

11ª impressão

Todos os direitos em língua portuguesa
reservados à **EDITORA SANTUÁRIO** – 2020

Rua Pe. Claro Monteiro, 342 – 12570-000 – Aparecida-SP
Tel.: 12 3104-2000 – Televendas: 0800 - 16 00 04
www.editorasantuario.com.br
vendas@editorasantuario.com.br

*A minha filha
Clara*

Apresentação

de Sergio Zavoli

Clara traz no nome a si mesma e o seu destino. Mesmo nos santos, é raro um brilho tão natural. Dela, tudo transluz como gotas destiladas, por assim dizer, da fé e, ainda, da liberdade que nela tem o hábito calmo da certeza e da paciência.

Convenço-me disso através das páginas do livro mais desadornado que um escritor crente e, não obstante, livre de toda a reverência, pudesse dedicar-lhe. Conseguiu-o Luciano Radi que, sendo úmbrico, conhece a pedra branco-rosada de São Damião pela manhã e seu imperceptível empalidecer, quando a luz a vai abandonando: metáfora que investe toda a natureza, mesmo humana, sujeita ao contínuo ir e vir de luz e sombras. Também este aceitar a divina "regra" da existência reveste o andamento do livro.

Raramente encontrei maneira tão elevada, sem arroubos e quedas, de sentir um personagem a um só tempo fabuloso e real. Quase percebemos dividir-se-lhe a essência, tanto a natureza do divino se une à terrena, tanto a espoliação é concreta e arrebatada, tanto a escolha é obrigada e livre, tanto os humores têm sangue e alma, força e graça, corpo e espírito.

Radi tem vocação interior ou, se preferem, religiosa, que lembra, para sermos claros, mais Pascal que Teilhard; a sua alma é resposta mais abandonada que exigente a uma vertical confiante e reta, não a uma horizontalidade controvertida e duvidosa; em suma, uma ascese, mais que transcendência, mesmo para baixo, para a "santa matéria". Entretanto, devo esquivar-me a uma ideia que, lendo, me ocorreu: este escritor de certezas e consolações encontra, em Clara, alguém que lhe inspira franca visão desencadeada de graça, isto é, segurança e um dado quase de normalidade, isento de sugestões emocionais e, digamo-lo, senão miraculares. Mas o mistério, este sim miraculoso, campeia naquela menina de 6 anos, que ouvia, enlevada, as histórias sobre Francisco em armas contra a inimiga Perúgia, delas recebendo na alma um profético batismo de doação e beleza.

É a graça adamantina de Clara, dura e mansa como apenas a fé pode ser, o mais indômito e submisso dos sentimentos. Este livro, não fosse outro, tem o mérito de juntar pouco às biografias edificantes e muito à descoberta daquela "Santíssima pobreza" escavada na alma do mundo, para dar lugar aos primeiros da terra: os fracos, os recusados, os derrelitos. Eis – poderíamos dizer – como os santos fazem durar, na eternidade, o quotidiano. Diante do qual, deveríamos viver eretos da mesma forma que Maria, como aos pés de qualquer cruz, "onde luta, agoniza e morre cada filho de homem".

Que livro lindo, amigo! Claro, leve e doce, como a água que jorra somente para Jacopone, para Francisco e Clara. É premonitório, como o é a lição doce e, ao mesmo tempo, severa, árdua e excitante, da santa menina de Assis.

Introdução

O AMBIENTE HISTÓRICO

Situação política e religiosa

A Úmbria, situada entre a Toscana, as Marcas e o Lácio, era, na alta Idade Média, dividida em duas partes: do Lago Trasímeno ao Tibre, pertencia a Perúgia, enquanto, no oriente do Tibre, estendia-se o Ducado de Espoleto, com dois centros hostis em Perúgia: a própria Espoleto e Assis.[1]

Tal situação, entre os séculos XIII e XIV, dá vida a intenso e turbulento período para as rivalidades entre as Comunas que se foram formando, do fim do século XI: Perúgia, Assis, Foligno, Espoleto, Terni, Narni, Todi, Orvieto, Gúbio, Città di Castello etc.

Lutas violentas dividem essas comunidades, que se distinguiam por seus tráficos comerciais, suas ricas e variadas atividades artesanais, mas também pela fidelidade de alguns contra o Papa de Roma; de outros, contra o Imperador. Mesmo a vida intensa de cada comuna era caracterizada por lutas entre as classes emergentes da cidade, os burgueses, e a feudalidade rural, que resistia no interior dos muros.

---

[1] Para indicações gerais, E. Dupré Theseider, "Il Ducato di Spoleto", em *Enciclopedia Italiana*, 32 (1949), p. 406-407.

Perúgia tende, nessa situação, a conquistar o domínio de toda a Úmbria. Pelo fim do século XII, submetem-se-lhe Assis, Città di Castello, Foligno, Gualdo Tadino, Gúbio, Nocera Umbra.

Convém deixar claro que as guerras comunais não tinham as características de atrocidade dos modernos conflitos militares.

Eram frequentes, cada cidade era circundada pela inimizade das cidades vizinhas. O contraste durava por vezes anos, mas reduzia-se a escaramuças e correrias, com poucos mortos e muitos prisioneiros, logo resgatados. Mesmo no interior das cidades, ocorriam confrontos entre facções que se entrincheiravam nos palácios e nas torres. Mas depois, quase sempre, terminavam com a saída e a debandada de uma parte, que achava acolhimento temporário nos castelos ou em algumas cidades próximas, à espera do perdão e da repatriação.

Em 1198, Inocêncio III, o maior Papa da Idade Média, eleito à sede pontifícia com apenas trinta e sete anos, chamado a governar a Igreja num dos mais tormentosos e tensos períodos da história da Europa, estabeleceu seu poder sobre o Ducado de Espoleto, pondo os princípios para conseguir também o controle pontifício sobre Perúgia.

Do Patrimônio de São Pedro, na Toscana, fazem parte Orvieto, Todi, Terni, Narni, Amélia, enquanto que Perúgia e Città di Castello, mesmo consideradas fora do Ducado de Espoleto e do próprio Patrimônio de São Pedro, permanecem entre as terras da Igreja.

No início do século XIII registra-se uma aberta rebelião contra o Papa, das cidades do Lácio, das Marcas, da Romanha, da Toscana; se as terras de Anolfo passam para o controle direto do Pontífice, alguns centros (como Gúbio) já não fazem parte dos Estados da Igreja.

Estabelece-se uma prolongada incerteza administrativa, consequência da fragmentação e da sobreposição de poderes entre o Papa, o Imperador, as Comunas, os senhores e as grandes famílias que então estavam conquistando preponderância na vida das cidades.

Os monges viviam fechados em seus conventos, quase sempre fora dos muros. Eram estimados e a eles recorria o povo para orações e milagres; mas não eram sentidos como irmãos.

O baixo clero era próximo ao povo, era povo ele também, mas a excessiva proximidade fazia-o assemelhar-se muito ao povo, mesmo nos defeitos e nos pecados. Difundido por todos os níveis, era o concubinato; havia padres que apostavam quem se embriagava mais. Outros que se empobreciam jogando com sacristãos e camponeses, casando, como aposta, até o hábito talar.

"Havia clérigos em hábito leigo, de cabelos longos, jogadores e usurários; monges fugitivos dos mosteiros, com o dinheiro da comunidade, levando a vida nas cortes. Não eram apenas os leigos tolos da Lombardia que enviavam um fedor hórrido; as narinas de Inocêncio III percebiam-no emanar também de uma abadia célebre como a de Monte Cassino."[2] Quando as comunas se declaravam hostis à Igreja, esta respondia com excomunhões e interditos; o clero local vinha encontrar-se em dificuldades, obrigado a escolher entre o desfavor do povo e as consequências da falta de respeito aos preceitos papais. Por vezes, as comunas estabeleciam represálias, proibindo aos cidadãos todo o relacionamento com o bispo e com o clero; ao cerceamento religioso, respondia-se com o boicote social e econômico.

O povo não encontrava, por certo, no clero, os conselheiros para suas incertezas e as próprias diretrizes morais.

Essa situação provocou o surgimento e a afirmação de movimentos religiosos autônomos, dentro da Igreja, pela contestação sempre mais forte das autoridades eclesiásticas que, mui frequentemente, não se distinguiam das autoridades políticas legais, pelo empenho absorvente da gestão dos grandes patrimônios, pelos contrastes entre bispos e cabidos, pela distribuição entre clero regular e clero secular, de suas prebendas, entre o foro eclesiástico e o foro leigo. É nesse período que vai se afirmando uma vida espiritual que, embora distinta daquela promovida pela hierarquia oficial, não assume necessariamente aspectos de heterodoxia.

"É uma das consequências – escreve Grégoire – da tomada de consciência dos leigos, capazes de assumir, na primeira pessoa, uma responsabilida-

---

[2] Luigi Salvatorello, *Vita di S. Francesco d'Assisi,* Laterza, Bari 1926, p. 22.

de específica, na obra de reforma e purificação da Igreja."[3] Manifestam-se movimentos evangélicos, animados por pregadores itinerantes espontâneos, que conclamam os fiéis ao espiritualismo rigoroso, à volta à coerência cristã dos primórdios.

Duas tendências fundamentais se lhes mostram no século XII: no Norte, a Pataria; no Centro e no Sul, comunidades neomonásticas de inspiração beneditina.

Nas primeiras, afloram elementos heréticos de proporções internacionais, pela aliança com classes comerciais que, carentes e amantes de liberdade, contestam o governo papal, incapaz de compreender suas exigências renovadoras. Para combater os patáricos, Inocêncio IV, em 1252, restitui a força à Inquisição e põe a seu serviço as forças do poder leigo, iniciativas que confirmam o afastamento da Igreja do autêntico espírito evangélico. Mas o poder pontifício, com sua face rude e desapiedada, está em declínio; são justamente o exasperado fisicalismo papal, o nepotismo e a corrupção alagadora, que suscitam, na sociedade de então, turbulenta e galhofeira, novos e espontâneos fermentos evangélicos no interior de uma ortodoxia reformadora.

Nesse clima, são numerosíssimas as novas experiências; mas, desde o princípio, emergem como importantes os Franciscanos. Difundiam-se ra-

---

[3] REGINALDO GRÉGOIRE, "Movimenti di Spiritualità in Umbria nei secoli XIII e XIV", em *La spitirualità di S. Chiara da Montefalco,* Atas do 1º Congresso de Estudo, 1985, a cargo de Silvestro Nessi, Mosteiro de Santa Clara, Montefalco 1986, p. 38.

pidamente por toda a Europa: França, Espanha, Alemanha, Inglaterra, Flandres, conquistando posições de prestígio, mesmo nas maiores universidades, como a de Sorbonne e Oxford.

Assis no século XII

Os assisenses que moravam no interior das muralhas urbanas não tinham ricas propriedades no exterior, porque estas ficaram nas mãos de algumas grandes entidades eclesiásticas: os beneditinos possuíam, com o mosteiro de Monte Subásio, territórios do monte à planície (a pequena igreja de Santa Maria dos Anjos estava no interior de suas propriedades); a abadia beneditina de Sassovino de Foligno e a de São Pedro de Perúgia tinham também propriedades vastíssimas.

Devemos também lembrar que muitos outros terrenos caíam sob o controle dos senhores feudais, porque, mesmo com contínuos litígios com as autoridades da cidade, gozavam ainda de um poder delegado por conta desta.

Na cidade, iam-se afirmando artes e ofícios característicos de cada economia comunal: ferreiros, forradores, fabricantes de tecidos, comerciantes de lãs e de especiarias, tabeliães etc. Economia que já exigia sempre mais movimentações de dinheiro, às quais se associava a perniciosa prática da usura.

Os comerciantes gozavam de particular prestígio: mostravam-se como aqueles que, com viagens e contatos com outros povos, eram destinados a determinar transformações profundas na economia. Caracterizavam-se por aquela mentalidade nova, que, mais tarde, será chamada de capitalista. "É uma mentalidade na qual tem lugar de primeiro plano, o lucro, entendido especialmente como acúmulo de dinheiro, empregado o mais depressa possível na aquisição de novas mercadorias, mas desejado também de per si como possibilidade de gastar, como disponibilidade para bens e prazeres dos ricos."[4]

No fundo dessa realidade vivaz e promissora de ulterior desenvolvimento, ficava a grande multidão dos pobres, para dentro dos muros. A miséria dos campos tornava-se endêmica, não mais ligada somente ao flagelo das carestias. As lutas e as desordens já não permitiam mais aos mosteiros ou a outras iniciativas das igrejas acorrer, como antigamente, às necessidades dos pobres que, assim, não achavam mais com que saciar a fome e cobrir-se.

Na cidade, quem ficava sem trabalho, se não intervinham atividades caritativas, não encontrava remédio; mas, mesmo quem trabalhava sofria frequentemente grande exploração, com retribuição sensivelmente inferior ao que era necessário para manter a própria família. Isso frequentemente era causa de brigas e tumultos.

Mais difícil ainda ficava a situação de quem era acometido por enfermidades, então muito difundidas, em virtude da falta de higiene e de remédios. Na verdade, os hospitais preenchiam mais as exigências de viajantes e peregrinos do que ao in-

---

[4] RAOUL MANSELLI, *San Francesco,* Bulzoni, Roma, 1980, p. 33.

ternamento e tratamento dos doentes. A situação, então, tornava-se mais dramática para aqueles que, por miséria extrema, por mau procedimento ou por doenças, como lepra, eram excluídos do consórcio civil.

A Comuna citadina realizava contínuo e sério controle social: cada um era considerado e respeitado pela fama pública que angariava. Quando a cidade era pequena – como Assis –, a Comuna não se limitava a seguir só alguns aspectos da vida dos que moravam dentro dos muros, mas estendia seu controle à íntegra do comportamento de seus membros e intervinha moralmente, para defender ou polemizar, aceitar ou recusar.

"Havia, pois, um relacionamento ininterrupto, estreito e intenso entre cada indivíduo – mesmo de condição humilde e modesta – e todas as pessoas que com ele viviam, participando de sua existência: disto originava-se, assim, um diálogo permanente entre o indivíduo e a comunidade, diálogo que podia ter seus momentos culminantes em ocasiões precisas, como as reuniões de assembleia-geral, por guerra ou paz, pela construção de uma igreja, de um palácio ou pela vinda de um personagem famoso..."[5]

A relação entre um indivíduo e a comunidade podia assumir violência inaudita, quando alguém não respeitava os Estatutos, quando se tornava culpado de crimes, quando a pessoa julgada possuía defeitos físicos ou psíquicos. Para compreender plenamente a psicologia e a ação de Francisco e da

---

[5] RAOUL MANSELLI, *op. cit.*, p. 34.

própria Igreja, deve-se enquadrar sua experiência nessas coordenadas de ordem social e ambiental.

Desejamos, agora, aprofundar o conhecimento de episódio específico e importante da história de Assis.

A já mencionada crise de Ducado de Espoleto, pelo declínio da autoridade imperial, no último quarto de século XII, explodiu em embate armado, em 1198, quando parte dos assisenses, *homines populi* (as camadas emergentes), penetrou em Assis, destruindo quer a Roca, símbolo do Imperador, quer as habitações fortificadas, que pertenciam à parte oposta, os *boni homines* (da parte mais poderosa e influente no governo da cidade).[6]

Os *homines populi*, que já haviam promovido numerosas contendas, mas sem resultados significativos a seu favor, procuravam, desta vez, truncar, de forma definitiva, os objetivos de compensação dos adversários e decidiam atacar e destruir também as fortificações externas, de Sassarosso a Montenuovo, de Poggio di S. Damiano e San Savino. Os *boni homines* já estavam tão extremados e comprometidos que grande grupo deles passou a refugiar-se em Perúgia que era, não obstante e desde sempre, a cidade rival de Assis. Alguns, como era costume, obtiveram, em 1200, até cidadania perusiana.

---

[6] In "Assisio erat quaedam discordia inter bonos homines et homines populi propter destructionem castrorum et hominitium'; essas palavras leem-se num documento de 1203, que assinala uma primeira etapa no processo de pacificação entre as duas facções em luta pela conquista do poder" (ROBERTO RUSCONI, "Clara de Assis e a negação do poder" em *Umbria sacra e civile,* Edições Rai Nuova ERI, Roma, 1989, p. 67).

Desse momento é a Comuna de Perúgia a tomar-lhes a defesa, mesmo para tentar ampliar seu poder até Assis, aproveitando-se da discórdia nesta cidade. Em 1203, os exércitos de Perúgia e Assis enfrentaram-se no Vale do Tibre, na localidade de Collestrada, nas proximidades daquele que é hoje o florescente centro da Ponte S. Giovanni. Do embate, saiu vencedora Perúgia, que fez muitos prisioneiros.

Entre *homines populi*, que desceram de Assis para combater os perusinos, estava também Francesco di Pietro Bernardone, que sofreu, na derrota, a sorte de muitos outros e foi levado prisioneiro ao cárcere da comuna inimiga.

Convém lembrar que, no conflito, a família Favarone dos Offreduci, isto é, a família de Clara, dada sua posição social, fez parte do alinhamento dos *boni homines;* por esta razão, ela também achou refúgio em Perúgia: Clara, assim, passou nessa cidade os anos de 1203 a 1205, travando amizade com numerosas meninas de sua mesma classe e de seu próprio lado. Devemos acrescentar que, após a batalha Collestrada, numeroso grupo de *boni homines* estabeleceu acordo com a Comuna de Assis e criou as condições para voltar a ela. Outros não; entre estes, a importante família dos Gisleiro, que convenceu os perusinos a levar avante uma batalha diplomática contra Assis, para obter melhores condições em benefício próprio. O verdadeiro fim das hostilidades entre as facções de Assis deu-se somente a 9 de novembro de 1210.

Foi 1210 um ano importante, crucial mesmo, para Assis e sua vida religiosa.

Nesse mesmo ano de 1210, Francisco se dirigiu a Roma, juntamente com pequeno grupo de seus primeiros sequazes, para ser recebido pelo Papa Inocêncio III e dele obter, mesmo que verbalmente, o reconhecimento de sua forma de vida religiosa.

O Papa consentiu, mas induziu Francisco a mudar a definição que dera a seu movimento, de *pauperes minores,* para *fratres minores,* pois que a primeira levava ao surgimento da suspeita de heterodoxia.

Exatamente em 1210, ademais, tão logo firmada a "concórdia" entre os *boni homines* e os *homines populi* de Assis, e aceita, assim, pelos primeiros a autoridade da Comuna, reconhecendo seu próprio enquadramento e sua própria subordinação, numerosas jovens, pertencentes à facção dos *boni homines* e que, por esta razão, tinham sofrido o exílio perusino, decidiram dar vida a uma experiência comunitária fora das tradicionais instituições monásticas femininas, para seguirem o exemplo de Francisco.

Foi esta a escolha de Clara de Favarone dos Offreduci.

Espiritualidade feminina penitencial na Úmbria, nos séculos XII e XIII

Nos séculos XI e XII, haviam-se difundido pela Úmbria apenas comunidades femininas com regra beneditina. É, pelo menos, o que se depreende dos documentos.

A situação muda com Francisco e Clara. A exemplo de Clara, muitas mulheres se reuniram em comunidades, com o propósito de viver uma experiência como a dela. Estas iniciativas espontâneas – diríamos hoje de base – encontraram não poucas dificuldades, análogas às que encontrou, como teremos oportunidade de lembrar, a própria Clara de Assis, dificuldades derivadas de incompreensões, de suspeitas de heresia, da proibição conciliar de constituição de novas ordens. Sabe-se que o cardeal Ugolino (que depois se tornou Gregório IX), desejoso de ajudar as novas penitentes, excogitou um compromisso fundado na fusão da regra beneditina com a ordem de São Damião, à qual aderiram até numerosos mosteiros beneditinos.

Os franciscanos também já haviam conhecido contrastes internos muito ásperos, desde quando Francisco ainda estava vivo.

Além da primeira ordem, isto é, a dos Frades Menores, Francisco tinha criado a segunda Ordem, a feminina de Clara, e a Ordem Terceira, livremente ligada à primeira e constituída de leigos que se reuniam numa pia associação, inspirando-se no ideal franciscano da profissão cristã. A primeira Ordem, que tivera desenvolvimento surpreendente, estava solidamente organizada e já seguia a pressão das circunstâncias e os desejos da Cúria, mais que o espírito de seu fundador, que via com tristeza seu ideal original comprometido pelo duro impacto da realidade. Francisco, de fato, retirou-se, em 1221, da direção da Ordem que confiou ao frade Elias de Assis,[7] com o título de Vigário-Geral. Elias introduziu diversos abrandamentos na regra, em matéria de pobreza, fez com que se concedessem à Ordem privilégios papais, construiu grande e estupenda basílica de São Francisco de Assis e promoveu estudos científicos.

Levantou-se contra ele a componente mais rígida da Ordem, aquela que se apegava escrupulosamente à regra, em particular no que se atém à questão da pobreza e à rigorosa observância do Testamento do Santo. Durante tais controvérsias, Elias foi deposto (1239) e, como se associara a Frederico II, foi excomungado por Gregório IX e expulso da Ordem. Reconciliou-se somente em ponto de morte, em 1253. Apesar da obra de pacificação de São Boaventura, como Ministro-Geral, a polêmica continuou sempre mais áspera. De um lado, agruparam-se os Espirituais, inclinados ao rigorismo; de outro, os que aderiram à Comuna ou partido dos Ministros. Foram também vãs as tentativas de Nicolau III, e Celestino V; perdurou da mesma forma o desacordo.

Convém notar que as polêmicas e as divisões tocaram apenas marginalmente a segunda Ordem, isto é, o movimento das "Mulheres Pobres" ou "Damianitas", fundado por Clara e Francisco; este, normalmente, permaneceu solidamente ancorado na inspiração inicial. Em 1269, para sacudir novamente a realidade eclesial, no momento em que o

---

[7] Ninguém hoje duvida da origem assisiense de Frade Elias. Os atos mais antigos que se referem a sua pátria o dizem de Assis.

movimento franciscano se ia clericalizando e oferecia triste espetáculo de divisões, veio o movimento Raniero Fasani, de Perúgia, chamado dos Flagelantes, que, bem depressa, se tornou de massa, mesmo no que dizia respeito à flagelação como penitência pública, capaz de provocar grandes emoções populares.[8] Este movimento suscitou, de um lado, o despertar da espiritualidade beneditina, por mérito da beata Santuccia de Gúbio, que encontrou sequazes em toda a Itália centro-setentrional; de outro, determinou a volta à espiritualidade franciscana inicial, com os "cárceres" ou "reclusões" femininos.

Tratava-se de mulheres sós ou de pequenos grupos, de virgens ou viúvas ou mesmo casadas, com o consentimento do marido, que se retiravam em tugúrios em campo aberto e que se obrigavam a respeitar a clausura e a viver vida de severa penitência, renunciando a todo tipo de atividade com finalidade de sustento, fiando-se exclusivamente na generosidade dos devotos.

"Essas 'encarceradas' – escreve Silvestro Nessi – representaram, em sua diversidade, o aspecto mais aparente da espiritualidade penitencial umbra na segunda metade do século XIII."[9]

---

[8] P. BAILLY, *"Flagelas"*, em Dicionário de Espiritualidade, 5 (1964), p. 392-408.

[9] SILVESTRE NESSI, "Espiritualidade feminina penitencial, na Úmbria, no século XIII", em *Vita e spiritualità della Beata Angela de Foligno*, a cargo de P. CLÉMENT SCHMIT, Atas da Convenção de Estudos para o VII Centenário da Convenção da Beata Ângela de Foligno (1285-1985), Seráfica Prov. de São Francisco, Perúgia 1989, p. 135.

Sobre o tema, ver também MÁRIO SENSI, "Encarceradas e reclusas na Úmbria, nos séculos XII e XIV; uma bizarrice centro-italiana", em

A difusão das *reclusas* não pode ser senão em parte explicada com o nível censitário imposto pelo dote exigido para a entrada nas ordens monásticas do tempo. Na verdade, também este fechamento alimentou a prática da reclusão voluntária, mas as novas normas de vida religiosa manifestavam claramente nova vocação e a escolha de novo testemunho, que exigia ficar fora das ordens tradicionais.

Deve-se ainda encarecer que as novas comunidades difundidas pela Úmbria não são de forma alguma assimiláveis aos conventículos nórdicos, porque as "reclusas" estavam votadas essencialmente à vida contemplativa e se distinguiam sempre, mesmo na variedade de sua inspiração, por autodisciplina exemplar, pelo respeito ao clero secular e regular e, sobretudo, pela obediência e submissão ao bispo local, que seguia de perto seu andamento. Ficava, porém, decidida a vontade da Igreja de regularizar toda forma de vida religiosa e

---

Il movimento religioso femminile in Umbria Nei secoli XIII-XIV. Atas da Convenção Internacional de Estudo no âmbito das celebrações do VIII centenário de nascimento de São Francisco de Assis, Cidade de Castello, outubro de 1982, a cargo de R. Rusconi (cadernos do "Centro para a União dos Estudos Medievais e Humanísticos da Universidade de Perúgia", 12), Perúgia-Florença, 1985. Ainda de Mário Sensi, é importante a pesquisa sobre as Comunidades de penitentes, no Cale Espoletano, dos primeiros grupos espontâneos, à tentativa de centralização, em Analecta Tertii Ordinis regularis Sancti Francisci (1982), Atas da Convenção de Estudos Franciscanos, Assis, 1991 (= Primeiras manifestações de vida comunitária masculina e feminina, no movimento franciscano da Penitência 1215-1447, a cargo de R. PAZZELLI — L. Temperini).

de institucionalizar o movimento penitencial, em particular o ramo feminino. Para eliminar muitas ambiguidades que, a juízo da hierarquia, ainda subsistiam, intervieram não só a Constituição *Religionum diversitatem nimiam,* aprovada em 1274, pelo Concílio de Lião, mas também Nicolau IV, primeiro pontífice minorita, com a Bula *Supra montem,* que permitiu identificar, pelo menos em parte, a *Ordo penitentium* com a Terceira Ordem Franciscana (1289).

Verificou-se, contudo, através do último quartel do século XIII, espontânea tendência à monastização, com a escolha autônoma, ou sugerida ou concordada com o Bispo, ora da regra beneditina, ora da regra agostiniana, ora da regra clariana, com a agregação à ordem correspondente.

É oportuno, entretanto, sublinhar que, no século XIII, o exemplo de Clara na Úmbria não foi, por certo, isolado. As figuras de maior relevo, de um século que foi seguramente excepcional e grande pela espiritualidade popular, são virgens consagradas, como Esperândia de Gúbio, Joana e Clara de Montefalco, Marina de Espoleto, Chiarella de Giano, Vanna de Orvieto, Margarida de Cittá di Castello, uma viúva como Ângela de Foligno, outras separadas consensualmente dos maridos, que também haviam escolhido a vida religiosa, como Gennaia e a já mencionada Santuccia de Gúbio, outras enfim que vinham de uma experiência de pecado, como Margarida de Cortona, Helena e Flora. Tão rica floração vem demonstrar a fecundidade de um movimento espiritual muito vasto e difundido por todo o território da região.

Do acima exposto, embora com extrema e incompleta síntese, pode-se concluir que Francisco suscitou forte movimento; todavia, após sua morte, não só a Ordem que nele se inspirava continuou manifestando profundas e insanáveis rachaduras, mas também, diante de tal espetáculo, "escândalos da Igreja dos anos de mil e duzentos e mil e trezentos – escreveu Nessi – começaram a manifestar-se ou a voltar ao auge outras formas de espiritualidade (alternativas, se se deseja), certamente diversas da original franciscana já em grave crise. Houve quem falasse já de 'falência' de Francisco. Não quero – conclui Nessi – chegar a tanto".[10]

Porém não há nem mesmo a dúvida de que, no século XIII, foi o franciscanismo que estabeleceu as bases da reforma da Igreja.

Naturalmente, nem tudo pode ser atribuído a isto, porque pequenos ou grandes filões ortodoxos, de nova espiritualidade, encontram-se em várias ordens religiosas, não excluídas as tradicionais, a beneditina e a agostiniana.

Entretanto, as pesquisas mais recentes puseram em evidência uma situação menos "menorítica", em movimento muito mais rico de experiências e de figuras de sensível carisma espiritual e muito mais complexo do que os estudiosos julgavam há apenas alguns decênios.

---

[10] SILVESTRE NESSI, "Uma questão tão proposta e resolvida mal", em *La spiritualità di S. Chiara de Montefalco, op. cit. p.*, 241.

Santa Clara

A SUA VIDA

O exemplo de Francisco

Clara nasceu em Assis, em 1193, da nobre família dos Offreducci. O pai Favarone era conde de Sassorosso. Após a destruição do Castelo, durante as desordens de 1198, a família transferiu-se para dentro dos muros, para um belo palácio situado na Praça São Rufino.

Clara teve duas irmãs, Catarina e Beatriz, e um irmão, Bosone. A mãe Ortolana era cristã fervorosa, tanto que participou de numerosas peregrinações, chegando à Terra Santa e ao Sinai. Não é, pois, de estranhar a profunda piedade de Clara, desde a mais tenra idade. A menina manifestou logo fé intensa, desejo vivíssimo de perfeição cristã. Não pode, então, surpreender se foi tomada pelo testemunho do jovem Francisco e se começou a ouvir, nas igrejas vizinhas (de São Jorge e São Rufino), suas pregações, que acabaram por conquistá-la.

Clara foi atraída inicialmente pelo espírito de aventura e pelo espírito cavalheiresco de Francisco. Depois, foi arrebatada por sua fé ardente e por seu amor de fogo pelo Senhor. Não se tratava de entusiasmo passageiro de adolescente, mas de algo profundamente radicado, que devia transformar sua existência e tomar a forma de rígida regra de vida, condição necessária para elevar-se ao conhecimento místico de Cristo Crucificado.

Diante das primeiras manifestações de sua extraordinária e singular vocação, a família discutiu e se dividiu. Os aliados ardorosos e fiéis de Clara eram uma tia e dois frades, seus primos.

"Acompanhada de uma só pessoa a ela familiar (Bona de Guelfuccio), a menina saía da casa paterna e dirigia-se, às escondidas, ao encontro do homem de Deus, cujas palavras lhe pareciam de chamas e as obras sobre-humanas!"[11]

Tais visitas de Clara criavam para Francisco não poucos problemas. A escolha do santo, como se pode deduzir concordemente das fontes, não previa exatamente poder juntar a seu grupo masculino um grupo feminino. Nem os testemunhos (não sabemos o quanto fantasiosos), que narram colóquios confidenciais de Francisco com Inocêncio III, fazem à mínima menção a possível ramificação feminina.

Ademais, ficou provado que, por vários anos, pelo menos seis de sua conversão, nenhuma mulher aparece entre simpatizantes ou sequazes do "Poverello", contrariamente ao séquito feminino que imediatamente tiveram outros, antes dele.

As aspirações de Clara, portanto, deslocavam completamente a escolha e o ideal de Francisco e, de alguma forma, o baricentro de seu movimento.

---

[11] "Lenda de Santa Clara", em *Fonti Francescane* (a seguir abreviadas FF), Edições Messagero, Pádua 1990⁴, p. 2398, n. 3163.

Mas como poderia realizar-se, para uma mulher, a passagem de uma posição jurídica e socialmente elevada, para outra de autêntica marginalidade, que a colocava do lado do leproso, do miserável, do pobre privado de toda ajuda?

Como teria podido uma jovem de boa família unir-se não só às pobres, às leprosas, mas também às prostitutas, às bruxas, em uma palavra, ao mundo da marginalidade feminina? Se ainda não são esquecidos os insultos, as ofensas, as zombarias que os assisenses reservaram à escolha de Francisco, como poderia este aceitar na comunidade mulheres sem expô-las a suspeitas infamantes? Não sabemos se, antes de Clara, houve alguma outra mulher que pedisse a Francisco para entrar em sua comunidade; não há dúvida, porém, de que o problema se tornou ardente, quando se fez diante de Clara, filha de uma família das mais nobres de Assis.

Delicada e difícil, a situação mudou, pelo menos em parte, quando Francisco obteve a aprovação papal que, embora nos limites precisos que a caracterizavam, dava a sua iniciativa reconhecimento oficial.

Continuava, porém, a dificuldade, diríamos objetiva e prática, essencial para a mulher, de pôr-se às margens extremas da sociedade.

O Seráfico, então, orientou-se na direção de uma vida religiosa tradicional, pela necessidade imposta pelas circunstâncias reais da sociedade, mas sem trair o caráter de penitencialidade e de evangelismo de toda a sua obra.

"Não sabemos quanto Francisco conhecia exatamente dos movimentos religiosos de seu tempo, especialmente das heresias: pelo que sabemos em geral do valdismo e dos cátaros, na região que, naquele tempo, se chamava Vale Espoletano, podemos dizer que havia uma diocese cátara de certo relevo numérico.

Ranieri Sacconi fala dela como igreja autônoma, pela metade do século XIII, e dela fornece indicações que permitem avaliar sua importância."[12]

Francisco não podia desconhecer essa realidade.

Porém, não sabemos muito sobre a presença dos valdeses, habilíssimos em se ocultar. Sua presença na Úmbria poderia configurar melhor o ambiente dentro do qual Francisco teve de mover-se, quando lhe chegou o pedido de Clara.

Mas, das atitudes de prudência que tomou, pode-se supor que Francisco devia estar informado de sua penetração: de fato, apressa-se, de todas as formas, para que seu movimento, caracterizado, não há dúvida, por grande originalidade e singularidade, não pudesse ser confundido com os heréticos e particularmente com o de Valdo.

"E justamente a preocupação de poder, de alguma forma, assemelhar-se aos valdeses, deve ter levado Francisco a renunciar, embora em parte, a um evangelismo total e global, no tocante às mulheres, impondo-lhes permanecer fechadas entre muros de um mosteiro e atribuindo-lhes forma de vida contemplativa, embora associando-as a todos

---

[12] RAOUL MANSELLI, *op. cit.*, p. 160.

os outros irmãos na obrigação do trabalho e da pobreza, como ele havia querido e proposto a seus seguidores."[13]

Francisco não chegou sozinho a esta solução. Deve-se julgar que Clara e Francisco chegaram juntos, através de progressivo esclarecimento e após repetidos encontros.

Esses encontros foram somente os primeiros, porque duraram, depois, por toda a vida. Antes, Clara repetida e insistentemente pedia luzes e conforto ao "homem novo", que havia adotado como seu inspirador e mestre, além de qualquer hierarquia (isto é declarado, claramente, em seu testamento).

Entre os dois, amadurecia ligação de afeto profundo, sublimado pela comunhão interior, no plano dividido, à imitação do amor de Jesus por todos os homens.

Permanecia único entre os dois o escopo: restaurar a Igreja; e único o carisma, "porque – dizia (Francisco) – um só e mesmo espírito fez saírem os frades e aquelas mulheres pobres, deste mundo malvado.[14]

A grande decisão

Clara já não tinha mais dúvidas: seu caminho estava decidido e queria corrê-lo até o fim, com absoluta

---

[13] RAOUL MANSELLI, *op. cit.*, p. 161.
[14] TOMÁS DE CELANO, "Vida de São Francisco de Assis", em *FF*, p. 716, n. 793.

coerência. Sua escolha estava definitivamente amadurecida, desde quando tivera ocasião de ouvir as primeiras prédicas de Francisco. Enquanto os parentes, vendo-a resplendente de pura beleza, insistiam para que escolhesse, entre tantos cortejadores, seu esposo, decidiu falar com a mãe sobre o plano de renunciar ao mundo e entregar-se inteiramente a Deus.

Nenhum documento revela como a mãe Ortolana acolheu a confidência da filha. Mas não há dúvida de que o pai, Favarone, e os tios Monaldo e Spicione não teriam podido acolher a confidência, mesmo porque Francisco, que muitos veneram, era por eles e por outros da cidade julgado autêntico louco. Sem nos esquecermos de que o "penitente" era filho de Pietro di Bernardone, seu inimigo. De fato, ele, como já falamos, tinha combatido nas fileiras dos burgueses contra os nobres, enquanto a família dos Offreducci se havia juntado à parte oposta, tanto que foi obrigada a refugiar-se em Perúgia e Clara com ela.

Para Clara, seguir sua vocação significava romper duramente com a própria família.

Devemos sublinhar que, naqueles dias, não eram poucas as jovens, mesmo de ótima família, que, cansadas de sua vida muito material, se haviam sentido atraídas pela pregação do jovem Francisco e se comprimiam ao redor dele, em lágrimas, para ouvi-lo e tocá-lo. Mas nenhuma delas tinha ousado, até aquele momento, imitá-lo em sua escolha da pobreza.

Clara foi a primeira a realizar esse gesto, justamente ela que não conhecia nada do mundo, que não experimentara os prazeres e as dissipações da vida e que não quis nem mesmo saboreá-los, desejosa como era de mostrar-se digna apenas do amor sem rivais, que a une a Deus.

Uma escolha tão radical e total não podia deixar de entusiasmar Francisco a superar as dificuldades já mencionadas.

Outro se teria assustado, sem dúvida, diante do risco de escândalo. Francisco vence todo o temor: com prudência, mas com coragem, levá-la-á ao Senhor, confiando sua decisão somente à própria consciência.

De fato, Francisco ignora as leis canônicas; simples diácono, arroga-se o direito de receber os votos de Clara e tonsurá-la sem nenhum noviciado.

Nos domingos de 1211, Francisco pregou na igreja de São Jorge e Clara foi ouvi-lo. Cada palavra do Poverello descia a sua alma e incendiava seu coração. Experimentou misterioso impulso para aquele jovem concidadão, cuja vida se tornara apelo irresistível para quem, como ela, anelava à total entrega de si a Cristo.

Avizinhava-se o domingo de Ramos (28 de março de 1211), escolhido por Francisco para a doação de Clara a Deus. Numa última visita ao Santo, Clara recebe as últimas disposições para a separação da família e da casa. "Padre Francisco lhe ordena que, no dia da festa, adornada e elegante, vá pegar a palma em meio à multidão e, na noite seguinte, saindo do acampamento, converta a alegria mundana no pranto da paixão do Senhor."[15]

---

[15] "Lenda de Santa Clara" em *FF*, p. 2399, n. 3168.

A igreja estava cheia de gente. No momento de receber o ramozinho de oliveira, toda tomada por seu sonho de amor, Clara não se moveu de seu lugar. Então, o bispo Guido, celebrante, surpreendendo os presentes, que tinham os olhares fixos naquela doce donzela, desceu os degraus para aproximar-se dela e entregar-lhe a palma.

Clara acabara de dizer dentro de si: "Vim justamente para esta hora: Pai, glorifica teu nome!".

À noite, após ter abraçado o pai, como de costume, e cumprimentado afetuosamente a mãe e as irmãs, Clara se retirou para o quarto. Esperou que em casa tudo fosse silêncio. Depois, leve como sombra, atravessou o jardim e se dirigiu para a "porta do morto".

Uma pilha de lenha lhe obstruía o caminho. Teve, então, circunspecta, de removê-la com o esforço de suas próprias mãos, para finalmente chegar à estrada, ainda vestida com roupa de festa, cheia de luxo.

Alcançou Bona de Guelfuccio, que a esperava conforme previamente combinado; juntas, dirigiram-se à Porciúncula. Na pequena igreja de Santa Maria, em meio ao denso matagal do vale, os frades a esperavam, vigiando em oração. Como ouviram a aproximação de passos, saíram Rufino e Filippo, os primeiros, e as receberam alegres, com tochas acesas.

Clara entrou na igreja e, ajoelhada diante do altar da Virgem Maria, consagrou-se a Deus, pelas mãos de Francisco. Em sinal de consagração, o "poverello" ousou cortar seus sedosos cabelos.

"Entregou aos frades suas vestes luxuosas – escreve Joergensen – e recebeu, em troca, grossa túnica de lã, semelhante à dos frades; trocou o cinto ornado de gemas, por simples corda de nós; quando as tesouras de Francisco fizeram cair suas comas de ouro, em vez de repor a touca bordada, cobriu-se com denso véu negro. Tirou as sandálias de seda que trazia, calçou os pés nus com um par de tamancos de madeira. Depois, pronunciou os três votos das monjas e prometeu, como tinham feito os frades, obediência a Francisco como seu superior absoluto."[16]

Clara já estava livre de toda riqueza material e, leve como um vaga-lume da noite, ouvia encantada os cantos dos pássaros escondidos entre as copas das árvores da floresta circunstante.

Terminada a missa, os frades, com o fim de evitar risco mais grave e condenação mais severa, levaram-na ao convento das beneditinas de São Paulo de Bastia Umbra, a um par de quilômetros de Santa Maria dos Anjos. Quando bateram à porta do mosteiro, brilhavam as primeiras luzes da aurora: Clara foi recebida pelas monjas com grande afabilidade.

Os frades retomaram o caminho da Porciúncula e sua alma cantava louvores ao Senhor.

A ocorrência, porém, não podia terminar de modo tão tranquilo.

---

[16] GIOVANNI JOERGENSEN, *San Francesco d'Assisi,* Edições Porciúncula, Assis 1975, p. 440.

A oposição da família

Tão logo foi informado do que havia acontecido, Favarone reuniu os homens da casa, enviando-os ao convento, para reclamar a restituição da filha.

Quando aqueles homens se acharam diante de Clara, primeiramente tentaram convencê-la, com persuasivos convites, a voltar sobre seus passos; depois, passaram às promessas e, por fim, às ameaças, mas ela se mostrou sólida.

Quanto mais tentavam dissuadi-la, mais a terna e doce Clara se mostrava inflexível: não renunciava a sua decisão.

Entrou atrás do altar e, tirando o véu da cabeça, mostrou a tonsura para provar que não era mais Clara de Offreduccio, mas "Irmã" Clara.

Quando soube disso, Favarone ficou desiludido e inquieto, mas não manifestou o propósito de desistir. Pensava que poucos dias de vida claustral teriam sido suficientes para vencer a obstinação da filha; mas Francisco, que conhecia bem a insolência de Favarone, pensou em transferir Clara para um convento mais seguro, mais bem guardado e, pois, menos exposto aos golpes de mão. Confiou-a às monjas de Santo Ângelo de Panzo, no monte Subásio.

O pobre Favarone devia sofrer nova afronta. Duas semanas após a fuga de Clara, outra filha, Catarina, que o Poverello chamou Inês, em homenagem à Santa virgem romana, fugiu da casa da Praça São Rufino, para ir viver com a irmã.

Favarone não pensou muito para decidir arrancar à força a jovem, do convento.

Mandou o irmão Monaldo à frente de um pelotão de doze homens dispostos a tudo, para retirar ao menos Catarina, viva ou morta. Monaldo se sentia mais forte também pelo fato de que a jovem, tendo quinze anos, não estava em idade de pronunciar votos.

Diante de tal grupo de enraivecidos, as monjas se assustaram e cederam sem opor a mínima resistência. Mas a menina ficou firme, invencível, sustentada por força misteriosa.

Joergensen descreve o episódio com palavras vivas e tocantes: "Foi surrada duramente e pisoteada; pegaram-na pelos cabelos e arrastaram-na para fora do convento. Clara, Clara, vem me ajudar!", gritava a infeliz Inês, enquanto alguns cachos de seus cabelos e trapos de suas vestes aderiam às moitas do caminho. Impotente para defender a irmã, Clara se refugiara na cela e pedia a ajuda de Deus. Eis que, de repente, aqueles doze homens fortes não foram mais capazes de arrastar dois centímetros apenas o corpo de Inês! A menina, repentinamente, tornou-se pesada como um bloco de pedra.

Em vão os homens a sacodem e tentam arrastá-la... Então, o tio Monaldo, furioso diante daquele espetáculo imprevisto, ergue o punho com a luva de ferro, para ferir a cabeça da infeliz menina. Mas ele também ficou como petrificado e está lá, sem poder agir, com o braço levantado, mas paralisado. Entrementes, chega Clara; os biltres são obrigados a abandonar Inês e a ir-se embora.

Desde esse momento, a família de Clara renunciou a toda tentativa de impedir as duas filhas de viver da maneira que escolheram; mais tarde, uma terceira irmã de Clara, Beatriz, uniu-se a elas, esperando que também a mãe, a piedosa Ortolana, fosse servir a Deus, após a morte de Favarone.[17]

São Damião e as "Damianitas"

Clara e Inês, que se julgavam portadoras de nova Ordem, não podiam certamente permanecer em Santo Ângelo de Panzo.

Francisco obteve para elas o pequeno convento anexo a São Damião, juntamente com a igrejinha onde haviam ido rezar tantas vezes.

São Damião se tornará, assim, cenáculo de mulheres apaixonadas pelo Senhor, uma semente destinada a germinar uma fileira de almas belas, sequazes intransigentes dos ensinamentos do Poverello.

Assis: Igreja e convento de São Damião, sede das damianitas

---

[17] GIOVANNI JOERGENSEN, op. cit., p. 141-142.

Afinal, Francisco o havia predito, como conta Clara, em seu testamento.

"Tendo subido no muro da dita igreja, assim gritava então, com voz elevada e em língua francesa: 'Venham e ajudem-me nesta obra do mosteiro de São Damião, porque, dentro em breve, virão habitá-lo mulheres e, por sua fama e pela santidade de sua vida, dar-se-á glória ao Pai nosso celeste, em toda a sua Santa Igreja.'"[18]

Clara e Inês não ficaram muito tempo sozinhas, porque muitas jovens de Assis foram atraídas por seu exemplo.

Dessas primeiras companheiras, ficam-nos, além do nome, também documentação que testemunha a santidade de sua vida e sua fidelidade, sem compromisso algum em seguir o exemplo de Clara.

Pouco depois da entrada em São Damião, pediu para unir-se às irmãs Offreducci uma amiga de infância de Clara, Pacífica; e de Perúgia, chegou Benvenuta, conhecida nos anos da fuga de Assis, juntamente com toda a sua família. Depois juntou-se Balvina de Martino; no ano seguinte, Filippa, filha de Leonardo de Gisleno.

Todas prometeram obediência a São Francisco, que não deixará de seguir a pequena comunidade, com extrema diligência e com amor que merecia a mais bela flor do jardim espiritual.

Para as irmãs, que começaram a ser chamadas de "Damianitas", depois de terem provado sua coragem, a própria Clara prescreveu, com evangélica simplici-

---

[18] "Testamento de Santa Clara", em *FF*, p. 2270, n. 2827.

dade, uma regra a ser observada. Em 1215, ela havia impetrado à Sé Apostólica a aprovação do *Privilégio da Pobreza*, documento singular, único, com o qual a Santa queria, aprovada pelo Papa, a escolha, para ela e suas sequazes, de não aceitar nenhuma posse.

E, na Regra Selada, aprovada pela forma de vida da nova comunidade, está escrito: "O bem-aventurado pai, considerando que não temíamos nenhuma pobreza, fadiga, tribulação, humilhação e nenhum desprezo do mundo, que, antes, os tínhamos em conta de grande delícia, movido de paterno afeto, escreveu para nós a forma de vida deste modo: 'Como, por divina inspiração, vos fizestes filhas e servas do altíssimo Sumo Rei, o Pai celeste, e desposastes o Espírito Santo, escolhendo viver segundo a perfeição do Santo Evangelho, quero e prometo, de minha parte e por meus frades, ter sempre de vós e deles atento cuidado e especial solicitude'. O que ele, com toda a fidelidade, cumpriu enquanto viveu e quis que fosse sempre cumprido pelos frades".[19]

Entrementes, Francisco continuava sua pregação em São Rufino e conquistando novas almas a seu revolucionário movimento espiritual, que se derramava além das verdes colinas úmbricas, para expandir-se às várias nações europeias e projetar-se para os tempos futuros.

Esse é, como já se descreveu, o verdadeiro milagre, porque, naquele período, eram numerosíssimos os movimentos religiosos que estavam surgindo em tantos países, por obra de personagens

---
[19] "Regra de Santa Clara", em *FF*, p. 2256, n. 2788-2789.

dotados de excepcional carisma e animados por propósitos de reforma da Igreja de Deus; não se compreende a fundo por que justamente e somente o de Francisco devesse suscitar tão vasto e espontâneo movimento, visto que o empenho de testemunhar com a vida a amizade e a abertura para com os irmãos era o carisma também de tantos outros grupos penitenciais do tempo.

"Todas as sutilezas da inteligência e todas as formas da razão são impotentes diante desse simples milagre de amor – escreve Pierre Leprohon. O que as exortações pontifícias não haviam conseguido, o que os apelos lançados às cidades não haviam feito, Francisco o realiza só com o exemplo de sua fé. Ao redor dele, o homem deixa finalmente de ser um inimigo para o homem. O lobo de Gúbio que, segundo a lenda, Francisco fez desistir de suas investidas, parece nos ter um rosto muito humano. Desde os primórdios de seu apostolado, Francisco fez reinar a paz. Agora, suscita o amor."[20]

Na Regra segunda, Francisco lembra que este é o mandamento primário para seus sequazes: "Se a mãe nutre e ama seu filho carnal, com quanto maior afeto se deve amar e nutrir seu irmão espiritual".[21]

Os frades menores e as damianitas estão no álveo do próprio grande movimento brotado do amor que abrasava Francisco, mas têm identidade distinta, não vivem o mesmo tipo de vida.

---

[20] PIERRE LEPROHON, *Francesco d'Assisi*, Cittadella Editrice, Assis 1974, p. 143.
[21] "Regra selada" (1223), em *FF*, p. 127, n. 91.

Os frades são itinerantes, as "mulheres pobres" vivem em pequenos mosteiros isolados, não longe das cidades. Os frades se espalham em pequenos grupos pelo mundo, as mulheres levam vida em comum, os frades se reencontram juntos, em pequenos capítulos periódicos, as mulheres não deixam jamais os próprios mosteiros.

"As mulheres – escreve Clara Augusta Lainati – estão do lado dos frades menores, em Ordem nova, com características revolucionárias e surpreendentes: uma Ordem que adquiriu de Francisco toda a "evangelidade" do movimento, o seguimento de Cristo pobre e humilde, a fraternidade no grupo, porém, somente no plano da fé e da esperança, o caráter itinerante da Primeira Ordem."[22]

O afeto que unia as damianitas entre si era muito mais terno, não só porque expresso com delicadeza toda feminina, mas também como expressão de uma mais intensa comunhão e mais profunda penetração do Cristo apaixonado e crucificado.

Francisco e Clara, pois, vivem experiência de fé e de testemunho evangélico complementares entre si, para reviver em Cristo.

A única aspiração se articula, assim, em duas dimensões que se fundem em unidade, a contemplativa e a ativa.

"São as duas dimensões do amor, que é, a um só tempo, sempre contemplativos e sempre ativo,

---

[22] CHIARA AUGUSTA LAINATI, "Introdução aos escritos e fontes biográficas de Clara de Assis", em *FF*, p. 2225-2226.

quando é amor: porque, enquanto trabalha, sonha com o repouso com o Amado; e, no repouso com Ele, sonha sair a grandes empresas, para testemunhar-lhe amor."[23]

"O testemunho do silêncio de Clara – está escrito na Bula de Canonização da Santa – de 'mulher do Evangelho', não é menos eficaz que o de Francisco."[24]

Mas, afinal, Francisco, em sua intensa e vastíssima atividade, não foi sempre um contemplativo?

Sua experiência de amor, vivida no relacionamento com os outros, não é uma das mais vastas expressões da contemplação de Cristo encarnado na história tormentosa dos homens? E como ainda pode Clara continuamente lembrar, em particular em seu testamento, que a graça sempre trabalhou nela através de Francisco, que indica como intermediário entre ela e Deus, em todas as suas escolhas fundamentais, se o Seráfico não participasse intensamente de sua própria experiência de contemplação e silêncio?

Dessas reflexões dimana uma conclusão importante: não se pode conhecer Francisco e seu movimento, sem conhecer Clara, sua experiência espiritual e seus escritos.

E é também verdade que não se pode pretender conhecer Clara sem conhecer Francisco.

---

[23] CHIARA AUGUSTA LAINATI, *op. cit.*, p. 2220.
[24] CHIARA AUGUSTA LAINATI, *op. cit.*, p. 2221.

Abadessa

Três anos após sua entrada em São Damião, Clara, em obediência a São Francisco e ao bispo de Assis, aceita o encargo de abadessa de sua comunidade, que exerceu depois, em espírito de serviço, até o fim de seus dias. Em sua regra, escreve: "A eleita, pois, leve em conta que cargo aceitou sobre si e a quem deve prestar conta do rebanho a ela confiado. Cuide também de presidir às outras obras mais por virtude e santidade de vida que por ofício, a fim de que as irmãs, provocadas por seu exemplo, obedeçam-na mais por amor que por temor.

Precavenha-se contra as amizades particulares, para que não aconteça que, amando, algumas mais que as outras, ocasione escândalo a todas. Console as aflitas. Seja ainda o último refúgio das atribuladas, para que, caso lhe faltassem os remédios de saúde, não prevalecesse nas doentes a doença do desespero.

Conserve em tudo a vida comum, mas especialmente na Igreja, no dormitório, no refeitório, na enfermaria e nas vestes".[25]

Clara permaneceu por toda a vida fiel e coerente com a Regra que ela havia ditado. Não conhecia limites à caridade, ao serviço junto às irmãs, aceitando com alegria mesmo incumbências mais humildes. Considerava honra lavar os pés das externas, quando voltavam ao convento; durante a

---

[25] "Regra de Santa Clara", em *FF*, p. 2253, n. 2276-2279.

noite, apressava-se em acomodar as cobertas das irmãs, para que, durante o áspero inverno do Subásio, não sofressem o frio.

Era sempre a primeira a acordar para acender as lâmpadas e tocar o sino da missa e sempre a última a deitar-se. À noite, após rezar as completas, ficava longamente na igrejinha, diante do Crucifixo que falou a Francisco, e se abandonava à meditação da Paixão do Salvador ou rezava o "Ofício da Cruz", isto é, as orações em honra da Cruz.

Desejava, amava a penitência: sua vida era de extremo rigor, longos jejuns e incômodos cilícios.

Assis: Crucifixo que falou a São Francisco
na igreja de São Damião

Sóror Benvenuta contou, no Processo, que "... mandou fazer outra veste de couro de porco e trazia os pelos e as cerdas cortados contra a carne... Da mesma forma, outra vez mandou fazer nova roupa de pelos de rabo de cavalo; com eles, fez depois algumas cordinhas, com as quais apertava o corpo. Assim, com os mencionados cilícios, afligia sua carne virginal".[26]

Consigo era severíssima, intransigente, mas, com as irmãs, sempre humilde e doce. Desdobrava-se de todas as maneiras para consolar as aflitas, considerava-se refúgio para as atribuladas, para tirá-las da dúvida e da tentação.

Nem mesmo suporta vê-las sofrer fisicamente; cada vez que isso ocorre, ergue sobre elas a mão que abençoa, traça o sinal da cruz para invocar a cura.

É uma verdadeira mestra de espírito: exorta-as ao silêncio, a afastarem de si todo barulho que possa distraí-las, a fim de que possam aderir profundamente ao mistério de Deus.

Convida-as a não levarem em conta as exigências do corpo sempre frágil, pelas insaciáveis exigências da carne e, com o domínio da razão, exorta-as a fazer calar as insignificâncias dos desejos terrenos, para abrirem em suas almas os mais amplos espaços à presença do Espírito.

Penitência e mortificação impõem a si mesma em medida tão dura que suscitavam preocupação e advertências da parte de Francisco. A moderação recomenda às outras, não a si mesma.

---

[26] "Processo de Canonização", em *FF*, p. 2318, n. 2948.

Na terceira carta à Beata Inês de Praga,[27] que lhe havia perguntado sobre esta delicada matéria, escreve: "Como, porém, não temos um corpo de bronze, nem é a do granito nossa robustez, antes somos mais frágeis e inclinados a toda a fraqueza corporal, peço e suplico no Senhor, caríssima, que moderes com sábia discrição na austeridade, quase exagerada e impossível, à qual soube que foste encaminhada, para que, vivendo, tua vida seja louvor ao Senhor e tu devotes ao Senhor um culto espiritual e teu sacrifício seja sempre temperado com o sal da prudência".[28]

A Regra das Clarissas

A regra de Clara inova a letra e o espírito das regras da ordem beneditina.

Querendo resumi-la nos pontos fundamentais, podemos escrever: fazer penitência, seguir o Evangelho, viver em rígida pobreza, em fraternidade cristã, na fidelidade à Igreja Católica. Tudo em dimensão contemplativo-claustral, que torna real um corpo só, Francisco-Clara, no seguimento do

---

[27] Inês de Praga, filha do rei da Boêmia, nascida em 1205, tendo conhecido, dos frades menores, o movimento renovador de Francisco e de Clara, mandou construir um mosteiro e aí vestiu o hábito em 1234. O Papa a colocou na direção da comunidade que havia fundado. Adotou a forma de vida das irmãs de São Damião, até 1238, quando Gregório IX lhe impôs a regra que ele havia elaborado e que tomou nome de "constituições hugolinianas". Clara escreveu a Inês de Praga quatro cartas. Os originais foram perdidos, mas existem transcrições em numerosos códices, tanto em língua latina, quanto em língua alemã.
[28] "Terceira carta", em *FF*, p. 2292, n. 2897.

Salvador, que fala às multidões sem jamais interromper seu colóquio com o Pai.

Percebe-se logo que o conceito "monacal" de Clara é, de per si, revolucionário, com relação às condições dos mosteiros do tempo. Em verdade, a palavra revolução não é idônea para encarecer o valor da reforma; pode valer para os eventos sociais, mas não para os espirituais. É necessário falar de uma volta à fonte. No início, na época de ouro do monacato, só mulheres que tivessem autêntica vocação entravam nos conventos. Mas, na tardia Idade Média, as jovens haviam tomado o mosteiro mais como profissão a escolher do que como vocação a seguir. Não eram poucas aquelas que não tinham nenhuma aptidão e que, com seu comportamento, humilhavam a vida monástica, pois que a achavam muito dura e contrária a seu status social.

Naquele tempo, as irmãs, não poucas, haviam-se tornado preguiçosas, indolentes, trabalhando pouco, quer materialmente, quer intelectualmente.

Em certos casos, as práticas religiosas reduziam-se a formas vazias, que eram cumpridas precipitadamente, com pouca devoção e escandalosa irreverência.

A vida monástica era também caracterizada por intensa organização hierárquica, como, aliás, a vida civil. A abadessa, de fato, não raramente, comportava-se como chefe absoluto, com prepotência e arrogância para com as consagradas, que também provinham da casta dominante mas em particular para com as conversas e serviçais, que se distinguiam por origem social muito mais modesta e eram empregadas, nos mosteiros, em trabalhos mais humildes.

Ademais, para dirigir um mosteiro, pouco era o tempo que sobrava à abadessa ou superiora para oração e contemplação; devia estar atrás não só da disciplina interna da comunidade, mas superintender às questões econômicas, dar ordens aos administradores dos fundos, cuidar que propriedades pagassem o devido e os dízimos afluíssem com regularidade. As abadessas e as superioras mostravam raramente, mesmo no plano humano, comportamento agraciado e elegante.

Os termos de visitas feitas pelos bispos aos mosteiros demonstravam que muito frequentemente o mau caráter e os mais estúpidos litígios e os mexericos quebraram a paz da comunidade, e a vaidade e a vida cômoda apagavam todo o traço de autêntica espiritualidade monástica.

Os conceitos de Clara, que representam uma volta aos preceitos evangélicos, não podiam, portanto, não ser aceitos como provocação. E verdadeiramente o era, não só na letra da Regra, mas no testemunho diário de vida vivida, de penitência e de oração, oferecida em honra e glória do Cristo condenado e crucificado.

A doença

Podemos perguntar quanto a longa doença (28 anos) influiu e condicionou a experiência espiritual de Clara. Constatamos, porém, logo, entre Francisco e Clara, um paralelismo também no que concerne à experiência da dor e do sofrimento.

Nem sempre o sofrimento enfraquece juntamente ao corpo a atividade criativa, a capacidade de penetrar profundamente nos mistérios da alma humana. Podemos citar uma série de grandes personagens nos quais a doença agiu seguramente no sentido positivo. Basta lembrar Feodor Dostoievski, que foi iluminado e marcado pela doença, em sua obra de sumo escritor; Marcel Proust que, tuberculoso e nefropático desde a juventude, teve sua doença como fiel companheira, em sua genial atividade de narrador; Pierre August Renoir, que sobe à celebridade enquanto a doença deformava sua espinha dorsal. A doença representa a heroica serva de Frederico Chopin e de Amadeu Mozart: Ludwing Van Beethoven confessou que a doença, embora por ele amaldiçoada, inspirou seu gênio.

No plano da experiência espiritual, a questão tem sua nobilíssima especificidade. Para quem se propõe seguir em tudo a experiência de Jesus, toda a renúncia, todo o sofrimento é risível relativamente ao bem que se espera. Antes, a dor se torna grande privilégio. O sofrimento não a evita, antes a procura e provoca em si, com a penitência e as privações. E Clara, no silêncio de São Damião, não procurou outra coisa, com seu rigorosíssimo estilo de vida, senão participar da dor de seu Cristo Crucificado. Na lenda, lê-se: "... como sua maravilhosa virtude fosse aperfeiçoada na doença, disso fica provado: que em vinte e oito anos de contínuo enfraquecimento, não ouve uma murmuração, nem lamento, mas sempre, de sua boca, provém santa conversa, sempre em agradecimento".[29]

Na passagem imediatamente anterior à citada: "A virtude, de fato, faz-se perfeita na doença".[30]

Na segunda carta a Inês de Praga, depois de ter convidado a amiga a meditar e contemplar as dilacerantes dores da Cruz e a desejar ardentemente imitar Cristo em tudo, escreve: "Se sofreres com Ele, com Ele reinarás; se chorares com Ele, com Ele gozarás; se morreres em companhia dele, na cruz da tribulação, possuirás com Ele as moradas celestes, no esplendor dos santos, e teu nome será escrito no Livro da Vida e se tornará famoso entre os homens. Por isso, possuirás por toda a eternidade a glória do reino celeste, em lugar das honras terrenas tão caducas; participarás dos bens eternos, em lugar dos bens perecíveis, e viverás por todos os séculos".[31]

Clara não se moveu jamais de São Damião nem sentiu o desejo de afastar-se dele, a não ser para encontrar Francisco. Só uma vez foi tentada a sair, mas para coroar sua entrega total ao martírio. Na verdade, tomou conhecimento da matança, pelas mãos dos infiéis, dos primeiros frades menores no Marrocos (1220), e quis deixar São Damião para seguir seu exemplo. Animava-a somente o desejo de oferecer a Deus aquele testemunho que Jesus tinha chamado a maior prova de amor.

---

[29] "Lenda de Santa Clara", em *FF*, p. 2427, n. 3236.
[30] Ibidem, n. 3235.
[31] "Segunda Carta", em *FF*, p. 2288, n. 2880.

Sua vida, pois, foi de escondimento, de penitência, de humildade, de anulação de si mesma, de suas exigências físicas, para conhecer os abismos do sofrimento do homem-Deus, único caminho para entrar no Reino. Contínua sua tentativa de superação até das necessidades mais elementares e naturais, para experimentar as mesmas dores de Jesus na Cruz. Cumpria isto em relacionamento humano e espiritual intenso com suas irmãs, base primeira de suas virtudes, e em relacionamento de condivisão e comunhão plena e total com Francisco, em conjunção elevada ao plano de Deus.

Não queremos omitir que, justamente sobre a questão da penitência, houve entre os dois o risco de incompreensão. Também Francisco foi homem de penitência; no entanto, justamente sobre este ponto, o contraste com Clara se tornou explícito, porque ela teve a tentação de aderir à ideia da penitência que implicava relacionamento com o próprio corpo, diverso do concebido pelo Poverello.

Como quase seguramente as origens da doença de Clara eram atribuíveis às privações, Francisco não aceitava uma autopunição até ao ponto de se destruir, de se adoentar, até ao desprezo pela própria corporeidade. Mas Clara não deixou de executar o ensinamento do Mestre. "Não é acaso – escreve Bertoli – que Clara provavelmente tenha deixado também de usar o cilício, justamente no mesmo período (aquele em que tinha começado a ficar doente) no qual aceitara comer alguma coisa todos os dias e dormir em colchão de palha"[32], para atender à insistente recomendação de Francisco.

Clara e Francisco

Toda a experiência espiritual de Francisco – como já se falou reiteradamente – foi feita pela própria Clara e suas irmãs, até às extremas consequências, antes de mais nada, na pobreza altíssima que Clara defenderá corajosamente – mesmo não aceitando os apelos à moderação feitos pelos pontífices – até o fim de seus dias.

Assis: Coreto das Clarissas no Convento de São Damião

Sim, a renúncia das damianitas era mais completa e absoluta que a dos frades e jamais foi causa de discussão e distinção, no interior da comunidade de

---

[32] MARCO BERTOLI, *Clara de Assis,* Instituto Histórico dos Capuchinhos, Roma 1989, p. 143.

São Damião. Tinham começado alternando trabalho e oração: faziam toalhas para altar, que, depois, ofereciam aos frades, para as igrejas mais pobres. Mas aos poucos, fechadas entre os pobres muros do convento, iam exaltando sua vida contemplativa e tornavam-se como uma espécie de arrimo espiritual às atividades dos frades.

De alguma forma, um movimento realmente complementar ao dos Menores. Tanto que estes, seguindo o constante exemplo de Francisco, acabaram por ajudá-los sempre mais, em suas necessidades. Ademais, o Poverello havia assumido neste sentido solene empenho na forma de vida, a pequena Regra inicial das damianitas.

"... Quero e prometo ter sempre, pessoalmente ou através de meus irmãos, por vós, como por eles, cuidado diligente e solicitude particular."[33]

Quando, então, em 1219, foi imposta a clausura às damianitas, coube aos frades menores ir mendigar por elas. E as irmãs compensavam de todas as formas, tanto que Francisco mandava a São Damião os companheiros doentes e enfermos, para que, com a ajuda das irmãs, pudessem recuperar a saúde e achar conforto especial de seus amáveis cuidados.

Portanto, relações de autêntica amizade uniram sempre frades e irmãs. O Poverello se absteve bem de partilhar do juízo, muito difundido por aquele tempo, de considerar a mulher como princípio de corrupção.

---

[33] "Escritos a Clara de Assis", em *FF*, p. 136, n. 139.

Nos primeiros tempos, dirigia-se frequentemente às "mulheres pobres" de São Damião, para pregar e entreter-se amigavelmente com Clara. Mais tarde, percebeu que aquelas visitas lhe traziam grande prazer e decidiu pareá-las, suspendê-las, com a convicção de que a admiração e o afeto das irmãs subtraíssem, de algum modo, parte de seu amor pelo Senhor.

Esse comportamento lhe trouxe reprovações dos frades, porque foi julgado excessivamente punitivo a si e às irmãs. "Cedendo às insistências das irmãs, após longo período de ausência, Francisco voltou a São Damião. As damianitas, desejosas de ouvir a sua palavra, fizeram-lhe grande festa, mas ficaram desiludidas, porque se limitou a tomar um punhado de cinzas do fogo apagado e a traçar com elas no chão um círculo ao redor de si. Com o poço que lhe restou na mão, aspergiu a cabeça e rezou o Miserere, o salmo da penitência."

Foi esse seu discurso.

Clara manteve-se sempre pronta a seguir o exemplo de Francisco; antes, muitas vezes, com sua intuição feminina e seu profundo conhecimento da tensão evangélica do Seráfico, adiantou-se a ele, antecipando os desejos e projetos de heroico testemunho cristão.

Mesmo quando não se viam – e às vezes por longo tempo –, estavam sempre presentes uma ao outro, porque uma tinha necessidade do outro, uma era complementar ao outro. "Depois de Deus e do firmamento – dizia Francisco –, Clara."[34]

---

[34] PIERO BARGELLINI, *San Francesco d'Assisi,* Morcelliana, Bréscia, 1979, p. 135.

Eram tantas mulheres que seguiam e perseguiam o Seráfico, para tocar-lhe ao menos a pobre túnica, mas Francisco não as via, não as reconhecia.

"Se as olhasse no rosto – disse um dia a um irmão –, não reconheceria senão duas: desta e daquela me é bem reconhecido o rosto, de outras não o conheço."[35]

Aludia a Jacoba dos Sete Sóis[36] e a Clara, mas, sobretudo, a Clara.

É oportuno repetir que a comunhão entre ambos foi intensíssima, amizade entre almas que guardavam o único verdadeiro amor, o amor por Cristo. Era neste amor que tornavam real a perfeita união mística. Para não turvar a cristalina transparência deste relacionamento, Francisco, mesmo nos encontros, frequentemente se castigou, não fixando o olhar no rosto da Mulher, mas grande era a alegria que sua presença lhe trazia; e a desejava e com ela sonhava, como um verdadeiro namorado deseja a proximidade de sua amada. Numa noite de luar, enquanto estava em companhia de Leone (um de seus primeiros seguidores), aproximou-se da boca de um poço e, erguendo a cabeça, disse felicíssimo: "Que acha que vi nesse poço?". "A lua que nele se espelha", respondeu Leone.

---

[35] TOMMASO DE CELANO, "*Vida Segunda*", em *FF*, p. 644, n.699.

[36] Viúva de Graziano Frangipani; Jacoba (Jacomina) tinha conhecido Francisco em Roma e o havia guiado com mão firme, pelas ruas da cidade. Mais que mulher, podia dizer-se homem, dado seu caráter forte. De fato, enquanto Francisco chamava Clara sempre de irmã, chamou muitas vezes Jacoba pelo nome de irmão, Frade Jacoba.

"Não, não é a lua que vi, mas o verdadeiro rosto de Clara."[37]

Clara não era, de forma alguma, criatura mórbida, que trazia na devoção apenas sentimento.

Era firme e intrépida, uma muralha intransponível em defesa do amor para com Deus. Também por isso Francisco se abandonava à confidência fraterna e abria-lhe o coração.

De outras mulheres, frequentemente experimentava tédio e percebia sua untuosa adulação, que traía sua fragilidade espiritual. Dessas mulheres não tanto desconfiava, porque a caridade o impelia a não recusar nenhum encontro, mas compreendia seu perigo para a credibilidade de seu movimento, num tempo que conhecia, mesmo para o clero – como já mencionamos – concubinato e dissolução. E ainda pensava em seus frades, sempre mais numerosos e que pessoalmente não conhecia porque, em bandos, vinham a ele, mesmo de terras distantes.

"Temo muito – dizia – que o diabo nos mande agora irmãs em lugar de mulheres, às quais renunciamos por amor a Deus."[38]

Por isso, recomendava aos frades que fosse evitada a familiaridade com as mulheres.

Clara não condividia totalmente as preocupações de Francisco e não mantinha, de forma alguma, escondido seu desejo de vê-lo e ouvi-lo o mais frequentemente possível; desejaria até segui-lo

---

[37] Piero Bargellini, *op. cit,* Morcelliana, Bréscia 1979, p. 135.
[38] "Processo de Canonização", em *FF*, p. 2155, n. 2683.

nas viagens, estar-lhe sempre ao lado, em todas as ocasiões de sua inexaurível atividade de pregação e apostolado. E quando Gregório IX proibiu aos frades pregar à comunidade, exclamou, franca e ousada: "Se podemos privar-nos do pão espiritual, podemos privar-nos também do corporal".[39]

Os frades conseguiram poder trazer às damianitas o conforto de sua amizade e de sua palavra. Alguns deles, chamados "zeladores das pobres damas", foram encarregados pelo próprio Francisco de executarem os trabalhos mais pesados do convento.

A ordem de Francisco reunia, assim, embora na distinção, homens e mulheres, na firme vontade comum de servir ao Senhor na pobreza, na obediência, na castidade.

Um dia, Francisco não resistiu às insistências de Clara e aos conselhos de seus frades, que o exortavam a não exagerar em privar as irmãs de sua presença e a si mesmo, da amantíssima Mulher, e aceitou jantar com Clara e uma de suas companheiras.

Como lugar de encontro, não escolheram São Damião, mas a Porciúncula, tão cara a ele, mas também a Clara.

Chegada a hora, encontraram-se e puseram-se sentados juntos no campo, como costumavam fazer. Ao redor deles, reuniram-se numerosos companheiros de Francisco.

Ele se pôs a falar de Deus "tão suavemente, tão altamente, tão maravilhosamente que, des-

---

[39] "Lenda de Santa Clara" em *FF*, p. 2436, n. 3232.

cendo sobre ele a abundância da graça divina, todos foram arrebatados em Deus e se esqueceram de tomar os alimentos. Tal era o ardor de sua fé, que uma luz extraordinária pareceu prender-se a todos eles: "E parecia que fosse um grande fogo que tomava a igreja e juntamente o lugar do prado: pelo que os assisenses correram lá para baixo, com grande pressa, para apagarem o fogo, acreditando realmente que tudo ardia".[40]

A morte de Francisco

Clara, mais que os outros sequazes, entendeu que, para estreitar sempre mais os laços com o amantíssimo Francisco, devia permanecer fidelíssima a seu voto de pobreza, devia encarnar a pobreza, porque esta era a esposa do Seráfico. Identificando-se com ela, realizava com ele a mais perfeita união.

Rebelou-se contra quem admoestou para que moderasse sua prática de tal pobreza, como se quem a aconselhasse à prática menos dura traísse a vontade de querer que ela se soltasse da maneira de sua incondicional fidelidade a seu Senhor e a seu Francisco. E, quando os conselhos vieram do Papa, não alterou nem sua escolha nem sua linguagem firme e clara: "Santo Padre, por nenhum trato

---

[40] "Os Fioretti de São Francisco", Cap. XV, em *FF*, p. 1386, n. 1844. Não é certo que o encontro entre Francisco e Clara se tenha, na verdade, realizado. Os *Fioretti,* que têm altíssimo valor poético, não são fontes históricas fidedignas. Devem ser utilizados com muito cuidado.

e jamais, eternamente, desejo ser dispensada da sequela de Cristo!".[41] Além das motivações místicas sobre a união entre Clara e Francisco, há um aspecto estranhamente humano, que não contradiz, de forma nenhuma, a sublime comunhão espiritual entre os dois.

Francisco, nos dias das dificuldades e da angústia, mesmo pelas divisões e discussões entre os seus, entendeu que todos poderiam abandoná-lo ou trair a inspiração irrenunciável de seu testemunho, também, mesmo os companheiros da primeira hora, mas não Clara.

Ela era a única criatura a ele mandada pelo Senhor, com a qual poderia sempre contar. Clara – é certo – não traía, não desiludia: era uma parte de sua alma; era o complemento irrenunciável e insubstituível de seu espírito de homem.

"Francisco – escreve Piero Bargellini – podia duvidar de todos, com exceção de Clara. E esta não fazia parte de sua família: representava algo mais que uma mãe ou uma filha. Algo mais também que uma irmã. Clara era a mulher casada com Francisco na alma. Era a eleita, a companheira, aquela que não trai e na qual repousa o cansaço do homem."[42]

Ao contrário de Francisco, Clara, embora doente, sofredora, mesmo pelas duras penitências, teve vida monacal muito longa: quarenta e um anos.

Esse longo período foi marcado por um fato inesquecível, quando chegou à idade de 33 anos,

---

[41] "Lenda de Santa Clara", em *FF*, p. 2407, n. 3187.
[42] PIERO BARGELLINI, *op. cit.*, p. 137.

idade de Cristo Crucificado: a morte de Francisco (1226). Quando percebeu que estava próximo do fim, ele se fez transportar à Porciúncula e estendeu-se no pequeno leito de sua cela. Clara mandou dizer-lhe que ficaria feliz se pudesse vê-lo ainda uma vez. O Santo disse a um dos frades que comunicasse à irmã: "Vai e dize à irmã Clara que deponha o desprazer e a tristeza de não poder ver-me agora; que saiba, porém, de verdade, que, antes de sua morte, tanto ela quanto suas irmãs me verão e disto terão grande consolo".[43] Passados poucos dias, Francisco morreu.

Espalhada a notícia, reuniu-se grande multidão. Estava perto do santo Jacoba dos Sete Sóis, que lhe havia levado o que lhe pedira, um lençol, a cera para exéquias e os doces, os "mostaccioli", feitos com farinha e mel, que ele muito apreciava.

Acendiam-se velas por toda a parte: nos morros, pelas encostas, sobre as muralhas da cidade. A tristeza das primeiras horas transformou-se em alegria, quando os frades descobriram, no corpo do santo, os sagrados estigmas. O corpo do Seráfico trazia os sinais do Crucificado: eram feridas suas mãos, transpassados seus pés, aberto o peito, do qual o sangue havia jorrado sem cessar.

Pela manhã, tudo mostrava a turgidez das coisas recém-nascidas, todas as flores pareciam inclinar-se para a Porciúncula e era um voltejar alegre das cotovias. Formou-se longo cortejo; enquanto a coluna orante avançava para Assis, o primeiro raio

---

[43] "Espelho de perfeição", em FF, p. 1423, n. 1807.

de sol irrompia da doce anca do Subásio e, como por encanto, a cidade recostada na colina pareceu flamejante.

Chegado ao hospital de São Salvador, o cortejo começou a subir a rua de São Damião. A promessa que o Santo fez a Clara devia ser mantida.

Alcançado o lugar onde Francisco tinha fundado a Ordem Religiosa das Mulheres Pobres, os frades depuseram o corpo na igreja e as irmãs abriram a grade através da qual recebiam comunhão. Abriu-se também o esquife e Clara, pequena plantinha daquela família religiosa, aproximou-se com as filhas, para ver o Pai. A descrição do choro de Clara e de suas irmãs é uma das páginas mais belas da vida escrita por Tommaso de Celano.

"E olhando-o, chorando e gemendo, com voz amargurada, assim, expressaram sua tristeza trepidante e devota: 'Ó Pai, que faremos agora nós míseras? Por que nos abandonas desoladas? A quem nos confias, assim desoladas? Por que não nos deste a alegria de preceder-te no reino dos bem-aventurados e, ao contrário, deixaste-nos aqui na dor? Como poderemos viver em nosso mosteiro, agora que não virás mais, como em outro tempo, visitar-nos? Contigo se esvai, para nós, sepultadas para o mundo, todo o nosso conforto! Quem nos propiciará, nesta pobreza, bens espirituais e materiais? Ó Pai dos pobres, amante da pobreza, quem nos ajudará nas tentações? Tu poderias fazê-lo, porque provastes e vencestes tantas! Quem nos amparará no momento das tribulações, ó tu, que foste nosso auxílio nas muitas tribulações que já experimentamos? Ó amaríssima separação, tremenda partida; ó morte inexorável que matas milhares de filhos e filhas, privando-os de seu santíssimo pai, enquanto te apressas a arrancar-nos para sempre aquele cujo mérito nossa boa vontade, se a temos, atingiu sua melhor florescência."[44]

As irmãs beijaram as mãos de Francisco, ornadas com os estigmas "radiantes como gemas preciosas". Depois que os frades retiraram o sagrado corpo, a grade foi fechada para não mais ser aberta.

Ao ouvir as lamentações das damianitas, a emoção voltou a atingir também todos os cidadãos presentes. Quando o cortejo voltou a subir, era tudo gemido, não havia ninguém que conseguisse segurar as lágrimas, o peso daquela arca fúnebre se centuplicou pela escarpa acima, entre os olivais, em direção ao burgo de Foligno.

Do campanário de São Jorge, em cuja igreja o santo seria deposto, irradiava-se o som festivo dos sinos.

O sol já triunfava no alto: os muros, as casas, as torres, transfiguradas em nuvem luminosa, participavam da alegria do céu.

A defesa da pobreza

Os anos que se seguiram à morte de Francisco passaram, para Clara, na oração, na penitência, na obediência, na contemplação, no empenho pela tutela da paz de sua comunidade e de sua cidade.

---

[44] TOMMASO DE CELANO, "Vita prima", em *FF*, p. 5407-5408, n. 524.

A família de São Damião se amplia: entram numerosas mulheres, entre outras Beatriz (1229), a última irmã de Clara, e também, morto Favarone, Ortolana, sua mãe. A ordem se difunde fora de Assis e da Itália: em 1234, veste o hábito em Praga, no mosteiro que ela mesma mandara construir, a filha do rei Ottocaro, Inês da Boêmia.

Os amigos mais próximos de Seráfico continuavam indo visitar a Madre, em São Damião. Os mais assíduos eram Leone, Ângelo, Ginepro. Mesmo Frei Egídio, que ficava continuamente fechado em sua cela, de quando em quando ia procurar Clara que, infelizmente, sentia agravar-se sempre mais sua doença, caindo frequentemente em crises tão graves que faziam pensar em morte iminente.

No silêncio de um longo suceder-se de dias sempre iguais, sempre novos, a vida de Clara se tornava "uma atenção ao Senhor, adesão, amor, consenso, presença recíproca, assombro e admiração ante a obra de Deus, assimilação de sua palavra, solicitude para com Ele, silêncio, comunhão, participação: realização do projeto de Deus, salvação no ato em que tal projeto se realiza no cristão e, por meio dele, na Igreja".[45]

Mas chegou também para a Mãe das Mulheres Pobres o momento em que se fez ouvir com clareza, definitivo, o convite da irmã morte.

Clara tinha trinta e dois anos quando caiu doente: era ainda vivo Francisco. Sua doença, na

---

[45] JEAN LECLERCQ, *Vita religiosa e vita contemplativa*, Assis, 1972, p. 86.

penosa continuidade, tinha andamento balouçante: a períodos de alívio, seguiam-se, como já escrevemos, períodos de desesperada piora.

Durante as crises, que se aproximavam do limiar extremo da vida, não raramente as irmãs assistiam a experiências místicas fora do comum. O moribundo está no limiar entre o finito e o infinito, entre o limitado e o ilimitado, e se acha nas condições de entrever, embora de modo opaco e confuso, o Vulto do Senhor. E quem está perto do moribundo e reza pode ficar envolvido por sua particular atmosfera espiritual.

É a experiência que tocou, por exemplo, a irmã Francesca, como teve ocasião de revelar, no processo de canonização da Madre: "... Viu sobre a cabeça da Mãe Santa Clara um esplendor muito grande; e pareceu-lhe que o Corpo do Senhor fosse uma criancinha pequena muito linda. Depois que a Santa Madre o recebeu com muita devoção e lágrimas, como costumava sempre, disse estas palavras: 'tão grande benefício me deu hoje Deus, que o céu e a terra não poderiam a ele igualar-se'".[46]

Foi durante uma dessas crises, provavelmente, que Clara escreveu seu Testamento e sempre, em ocasião de situação análoga, a Madre deixou escrita sua bênção às irmãs presentes e futuras.

O que é certo é que Clara teve sua maneira de preparar-se longamente para a passagem. Ademais, a damianita, em todos os momentos de sua

---

[46] "Processo de Canonização", em *FF*, p. 2357, n. 3068.

existência, considerava a morte como inseparável companheira de sua caminhada.

No outono de 1251, Clara teve uma crise mais grave que de costume, mas para ela, não havia chegado o momento do grande passo, porque estava ainda aberta uma questão que ela queria ver resolvida, antes de seu passamento. E o Senhor a ouviu.

O problema que tanto preocupava a Madre era a defesa do *Privilegium paupertatis*.

De fato, o Papa Inocêncio IV, em 1247, havia redigido Regras para as *Dominae pauperes*, que não seguiam a forma de vida de Clara. Realmente, essas regras que, pela primeira vez, não tinham mais como base as beneditinas, mas as franciscanas, se tinham o mérito de unificar, sob a ordem missionária, todo o vasto e articulado movimento inspirado pelo ensinamento do Seráfico, de outro lado, aos olhos de Clara, tinham o grave defeito de permitir a disponibilidade de bens para a subsistência das comunidades. Orientação que vinha ferir profundamente a especificidade da vocação e da experiência damianita, para qual a Madre já havia respondido de modo firme ao predecessor de Inocêncio, Gregório IX: sobre a pobreza não se transige, na pobreza não se toca.

De fato, Clara decidiu formular dela uma segurança sua, com a confirmação da escolha da pobreza. Tratava-se, porém, de submetê-la ao Papa que, naqueles dias, se encontrava em Lyon, e convencê-lo a aprová-la.

Que fazer? As gravíssimas condições de Clara tornavam extremamente improvável que fosse possível chegar à promulgação da Regra, antes da morte.

Nesse ponto, consolando Clara e suas irmãs, interveio uma freira, justamente naquele mosteiro de São Paulo de Abadessas, em que Clara tinha passado um período antes de transferir-se a Santo Ângelo de Panzo, onde não havia encontrado solidariedade, quando os parentes tentaram raptar Inês, sua irmã. Mas já a fama de Clara era tal que se tornou ponto de referência espiritual para todas as religiosas da cidade.

A freira de São Paulo teve uma visão, conta a lenda: "... parece-lhe encontrar-se, juntamente com suas irmãs, em São Damião, para assistir Dona Clara doente e parecer-lhe que Clara jazia em leito precioso".

E, enquanto choram, aguardando a morte da beata Clara, aparece uma bela senhora à cabeceira do leito e se dirige a elas em pranto: "Não choreis, filhas – diz – que ainda há de viver: de fato, não poderá morrer enquanto não vier a ela o Senhor com seus discípulos".[47]

As pobres mulheres de São Damião tranquilizaram-se. O que havia previsto a freira de São Paulo pontualmente se realizou.

O Papa deixou Lyon e, no dia 5 de novembro de 1251, chegou a Perúgia com toda a cúria. O Cardeal Rainaldo de Segni, protetor da Ordem e amigo de Clara, foi até Assis, a 8 de setembro de 1252. Em São Damião deu a comunhão a Clara e fez um sermão à comunidade. A Santa aproveitou dessa visita para repetir ao Cardeal o

---

[47] "Lenda de Santa Clara", em *FF*, p. 2427-2428, n. 3237.

insistente pedido de intervenção junto ao Papa, para ver finalmente confirmada sua *forma de vida* na total pobreza. O Cardeal prometeu, mas sem dar-se conta das grandes dificuldades que deveria encontrar. As condições de Clara permaneciam gravíssimas, mas misteriosamente conseguia viver e conservar sua plena lucidez. Somente em 16 de setembro de 1252, o Cardeal Rainaldo escreveu uma carta, a *Quia vos*, com a qual, como protetor da Ordem, autorizava as damianitas a seguir a regra da fundadora. Não era, porém, ainda a aprovação pontifícia que Clara havia pedido.

Depois da visita de Rainaldo, São Damião tornou-se meta de peregrinações e encontros para todos os sequazes do Poverello, provenientes também das províncias mais distantes. É desse período, ainda, uma carta que Clara enviou a Inês de Praga, aproveitando da presença em São Damião de dois frades, Amato e Bonaguia, que se preparavam para ir à Boêmia. As duas mulheres, distantes geograficamente, haviam se aproximado sempre mais espiritual e afetivamente, mesmo porque Inês de Praga tinha combatido, com igual firmeza, a batalha para o *Privilegium paupertatis*. Nessa carta, a última dirigida a Inês, a parte mais significativa é dedicada ao convite à amantíssima amiga a olhar Cristo como num espelho no qual se refletir.

"E como esta visão dele é resplendor da eterna glória, clarão da luz perene e espelho sem mácula, todos os dias leva tua alma, ó rainha, esposa de Jesus

Cristo, a este espelho e examina nele continuamente o teu rosto, para que possas, assim, ornar-te inteira, no interior e no exterior, vestida e circundada de variedades e te adornes com as mais variegadas flores de todas as virtudes e, ainda, de vestes resplandecentes, como convém à filha e esposa do sumo Rei.

Nesse espelho, então, refulgem a beata pobreza, a santa humildade e a inefável caridade; e isto poderás contemplar, com a graça de Deus, difundido por toda a superfície do espelho. (...) E ... contempla a inefável caridade, pela qual quis partir no lenho da Cruz e nela morrer da morte mais infamante. Por isto, é o mesmo espelho que, do alto do lenho da cruz, dirige aos transeuntes sua voz, para que parem e meditem: "Ó vós todos, que passais pela estrada, parai para ver se existe dor semelhante à minha"; e respondemos – digo a Ele que chama e geme – a uma só voz e com um único coração que: 'Não me abandonará jamais a lembrança de ti e se consumirá em mim a minha alma'".[48]

Irmã morte

Clara, pois, preparava-se para a morte fixando sempre mais o olhar e suas elevações místicas no Crucifixo, para identificar-se com Ele.

Tendo conhecimento das condições de Clara, o Papa Inocêncio IV, ainda em Perúgia, decidiu ir a Assis, junto com os cardeais, para encontrá-la, o que, aliás, era seu vivíssimo desejo havia tempo.

---
[48] "Quarta carta", em *FF*, p. 2294-2295, n. 2902-2904.

Entrando no mosteiro, perguntou logo do lugar em que a Madre jazia e se aproximou: Clara beijou-lhe a mão e pediu-lhe para beijar-lhe também o pé, antes de solicitar a remissão de todos os seus pecados. O Pontífice exclamou: "Oxalá também eu tivesse necessidade apenas desse perdão!".[49]

Clara expôs depois ao Pontífice suas preocupações quanto ao futuro de sua comunidade e pediu-lhe a aprovação da regra por ela ditada. O Papa prometeu-lhe a aprovação, mas não lhe indicou tempo.

Inocêncio lhe deu absolvição geral e a bênção apostólica. O Ministro Provincial dos Frades Menores, Ângelo, administrou-lhe a Eucaristia.

Quando se achou de novo sozinha, Clara disse às irmãs: "Louvai ao Senhor, minhas filhinhas, porque hoje Cristo se dignou dar-me um presente tal que terra e céu não bastariam para pagar! Hoje recebi a Ele mesmo, o Altíssimo, e mereci ver seu Vigário".[50]

A agonia de Clara continuava. Seu sofrimento era acompanhado de crescente solidariedade popular. Ao redor dela havia, antes de mais nada, as irmãs; mas continuavam a chegar prelados e bispos, para dela haurirem força a fim de enfrentar as dificuldades de sua vida espiritual. Era ela que consolava a todos e não, ao contrário, os que iam procurá-la para levar-lhe força. Próximo ao leito –única derrogação da clausura –, estavam três dos primeiros sequazes de Francisco: Ginepro, Ânge-

---

[49] "Legenda de Santa Clara", em *FF*, 2429, n. 3242.
[50] "Lenda de Santa Clara", em *FF*, p. 2430, n. 3243.

lo e Leone. A exceção foi certamente concedida a Madre, porque os três conservavam, juntamente com ela, a lembrança do Poverello e continuavam a viver segundo o espírito mais autêntico.

A lenda conta estes últimos momentos com palavras muito tocantes: "Então, fazendo-se mais próxima do Senhor e já quase estando no limiar, Clara quer que lhe estejam ao lado sacerdotes e irmãos espirituais, que lhe repitam a Paixão do Senhor e santas palavras. E logo que, entre eles, lhe aparecia frei Ginepro, famoso por saber modular ardentes jaculatórias ao Senhor, pergunta-lhe, com cálidas palavras do coração, animada de renovada alegria, se tem ali, prontamente, algo de novo relativo ao Senhor.

E ele, abrindo a boca, libera, da fornalha do coração ardente, cintilas flamejantes de palavras. E a virgem de Deus acha grande consolação em suas parábolas.

Por fim, volta-se para as filhas em lágrimas, recomendando-lhes a pobreza do Senhor, e lembra, louvando, os benefícios divinos. Abençoa devotos e devotas e implora ampla graça de bênçãos a todas as mulheres dos mosteiros pobres, tanto presentes quanto futuras".[51]

Ângelo, em lágrimas, consola as irmãs aflitas, Leone beija o catre de Clara moribunda. A seguir, tudo se cala, porque o rigor claustral exige silêncio.

As irmãs percebem que o silêncio é quebrado pelo som levíssimo de algumas palavras da Madre.

"Vai segura na viagem – diz –, porque tens boa escolta. Vai porque Aquele que te criou, santificou-

---

[51] "Lenda de Santa Clara", em FF, p. 2432, n. 3252.

-te e, sempre olhando-te como uma mãe seu filho, amou-te com terno amor." "E tu, Senhor – acrescenta – sejas bendito, que me criaste."

Com grande emoção, uma das irmãs perguntou-lhe a quem estava falando. A Santa respondeu: "Falo a minh'alma bendita".

E, depois, Clara perguntou a mais próxima, pois as outras estavam em lágrimas: "Vês, filhinha, o Rei da glória que eu vejo?".[52]

Quando se aproximou o momento da passagem, Clara abençoou suas irmãs:

"Abençoo em vida e após minha morte, como posso e mais do que posso, com todas as bênçãos com as quais o próprio Pai da misericórdia abençoou no céu e na terra seus filhos e suas filhas espirituais, e com as quais cada pai e cada mãe espiritual abençoou e abençoará seus filhos e filhas espirituais".[53]

Entrementes, tinha chegado a aprovação da Regra por ela preparada, vinda com a carta *Solet annuere*, selada por Inocêncio IV em Assis, a 19 de agosto, dois dias apenas antes da morte de Clara; o processo foi de urgência, dado o agravamento das condições de saúde da Madre. Isto é revelado pela nota que o próprio Pontífice escreveu de próprio punho, na margem superior:[54]

Ad instar fiat. S(inibaldus) Ex causis manifestis michi et protectori mon(asterii) fiat ad instar.[55]

---

[52] "Lenda de Santa Clara", em *FF*, p. 2432, n.3252.
[53] "Bênção de Santa Clara", em *FF*, p. 3379, n. 3252.
[54] MARCO BARTOLI, *op. cit.*, p. 236.
[55] O papa, que se firma Sinibaldo, ordena: "Seja aprovada definitivamente. Por causas manifestadas a mim e ao protetor do mosteiro,

Assis: Urna que guarda o corpo de Santa Clara

Proclamada Santa

Clara morreu, portanto, a 11 de agosto de 1253. Logo que se difundiu a notícia, toda a cidade de Assis se precipitou ao pequeno mosteiro de São Damião: o alcaide, muitos cavaleiros, muitos homens de arma e tanto, tanto povo.

O Pontífice, que ainda se achava em Assis, participou das exéquias e propôs, com a contrariedade do Cardeal Rainaldo, celebrar o ofício das Virgens e não o dos mortos, como demonstração de que considerava Clara já santa.

Os assistentes tomaram precauções para evitar risco do furto do corpo, lembrados da tentativa

---

seja aprovada".

que houve por ocasião da transladação do corpo de Francisco.

A transladação ocorreu no mesmo dia dos funerais.

O corpo da Santa foi levado sob escolta justamente à igreja de São Jorge, onde havia sido posto, num primeiro momento, o corpo do Seráfico.

A igreja converteu-se logo em santuário, meta de numerosíssimos fiéis, mesmo porque Clara começou logo a fazer milagres. O culto, assim, cresceu espontaneamente, enquanto se difundia a fama de curas prodigiosas. O início imediato do processo de canonização baseava-se em vasta e crescente devoção popular.

Após a morte de Inocêncio IV, seu sucessor (o Cardeal Rainaldo), que tomou o nome de Alexandre IV, confirmou sua contrariedade a elevar, com grande pressa, Clara à glória dos altares. Mas a pressão da sempre mais ampla devoção popular o impeliu a agir no sentido que não lhe agradava.

O processo se desenvolveu em atmosfera quase de suspeita, pela desconfiança da Cúria em relação às formas espontâneas de devoção popular e aos milagres não comprovados com severidade, quanto a sua autenticidade. Isto, sem dúvida, fora ditado pelos abusos que poderiam verificar-se, mesmo neste caso, e pela nova atitude assumida pela Cúria, de considerar o santo como um homem ou uma mulher que conquista o poder de interceder junto a Deus, somente graças às virtudes de sua vida.

Clara foi declarada santa – após processo regular de canonização – pela Bula *Clara claris praeclara*, dois anos após sua morte.

É a primeira mulher de estirpe não real, após muitos séculos, a ser proclamada Santa. Clara, que vivera no silêncio e no retiro de São Damião e que jamais procurara a celebridade, atingiu, naquele momento, o cume da fama.

O que surpreende é que o culto de Clara tenha encontrado, justamente na ordem menorítica, muitas resistências.

Demonstra-o, entre outros, o fato de que somente em 1260, com o capítulo de Narbona, a Festa de Santa Clara foi promulgada pela Ordem e de que somente em 1272, com o capítulo de Lyon, a Lenda de Clara foi tornada obrigatória, na biblioteca de todos os conventos.

Ademais, o grande Boaventura, em sua biografia de Francisco, esqueceu-se completamente de falar de Clara.

Também as autoridades civis e eclesiásticas de Assis se mostraram tépidas diante da rápida difusão do culto de Clara e dos problemas que, consequentemente, viriam criar-se à cidade. De fato, quando se apresentou indefensável a transferência do corpo de Clara e da comunidade das damianitas para uma igreja e um mosteiro mais amplos, surgiram não poucas barreiras.

A igreja de São Jorge, com hospital anexo, pertencia ao capítulo de São Rufino, composto pelos mais importantes da cidade. A permuta entre a igrejinha de campo de São Damião com o conventinho anexo, com pouca terra ao redor, e o complexo de São Jorge mais o hospital anexo, às portas da cidade e com terras e rendas, o capítulo não pretendia de fato aceitá-la.

Os cônegos mudaram de opinião somente quando o Abade de Farfa deu às damianitas o mosteiro de Murorotto juntamente com alguns terrenos. "Os termos do negócio foram, pois, tornando-se precisos: em troca de São Jorge, o capítulo de São Rufino teve não somente São Damião, mas também terras e rendas adequadas ou, talvez, superiores às que havia cedido. Naturalmente, os cônegos eram os mesmos devotos personagens que haviam defendido os despojos de Clara: os negócios, em qualquer tempo, são sempre negócios."[56]

Para realizarem seu projeto de transferência, as "irmãs pobres" foram, pois, obrigadas a aceitar numerosas doações e, portanto, a quebrar seu ideal de absoluta pobreza.

Em 1288, o papa Nicolau IV, com a bula *Devotionis vestrae precibus,* sancionava o direito das "irmãs pobres" de receber heranças e bens estáveis e de guardá-los como se ainda se encontrassem no século, excetuados os direitos feudais. Estava, pois, aprovada a renúncia ao *Privilegium paupertatis.*

"Foi então – escreve ainda Bartoli – que as *sorores* tomaram a regra que a Santa havia beijado no momento da morte e a coseram, à guisa de relíquia, em uma veste de Clara, onde ficou por muitos séculos. Somente no fim do século XIX, a regra de Clara foi reencontrada, como semente escondida

---

[56] Marco Bartoli, *op. cit.*, p. 248.

por longo tempo na terra, mas talvez ainda capaz de dar aqueles frutos espirituais que Clara teria desejado."[57]

---

[57] MARCO BARTOLI, *op. cit.*, p. 249.

ASPECTOS DE SUA ESPIRITUALIDADE

O amor pelo santíssimo Menino

Clara foi chamada à contínua busca contemplativa de Deus, à experiência pessoal e direta do Divino. Experiência humilde, assídua, obscura. A contemplação lhe permite, pouco a pouco, aproximar-se dos abismos do mistério, "no qual, silêncio e palavras, solidão e comunhão, separação e presença se conjugam".[58] É uma experiência do Amor encarnado, que é posto pela Mãe no presépio e, nu e pobre, se prepara para a oferta suprema. Todos os escritos de Clara, as quatro cartas a Inês de Praga, a Regra, o testamento, mostram que seus pensamentos são dirigidos à contemplação de seu Esposo, para possuí-lo na total comunhão.

Quando fala ou escreve, narra sua experiência de estar com Deus, sua qualidade de esposa no Espírito Santo, sua maternidade misticamente igual à de Maria Virgem. Percebe que tem, no seio, vivo e palpitante, o pequeno Jesus.

Clara fixava frequentemente o olhar em Jesus Menino, no "bebê" que jaz na manjedoura, exemplo de pobreza absoluta, para mostrar aos homens o caminho para que sejam dignos de entrar no Reino.

O divino pequenino a enchia de ternura.

Na Regra Selada pelo Papa Inocêncio IV, está escrito: "E por amor do Santíssimo Menino envol-

---

[58] Chiara Augusta Lainati, *Santa Chiara d'Assisi*, Porciúncula, Assis, 1980, p. 77.

to em pobres paninhos e acomodado no presépio, e de sua Santíssima Mãe, advirto, peço calidamente e exorto minhas irmãs a vestirem sempre indumentos vis".[59]

E, na quarta carta à bem-aventurada Inês de Praga, volta ao assunto, com expressões de dulcíssimo estupor: "Vê no alto a pobreza daquele que foi posto no presépio e envolvido em pobres paninhos. Ó admirável humildade e pobreza que causa estupor! O Rei dos anjos, o Senhor do Céu e da terra é acomodado em sua manjedoura".[60]

Sóror Inês, filha do Senhor Opórtulo de Bernardo de Assis, monja do mosteiro de São Damião, testemunhou no processo de canonização:

"Também disse essa testemunha: a mencionada senhora Clara muito se comprazia em ouvir a palavra de Deus. E, embora não tivesse estudado letras, não obstante ouvia as prédicas literárias. E pregando um dos frades, Filippo de Atri, da Ordem dos frades menores, essa testemunha viu perto de Santa Clara um bebê belíssimo, e lhe parecia de idade quase três anos... E, orando essa testemunha em seu coração, que Deus não permitisse que ela estivesse enganada, foi-lhe respondido, em seu coração, nestas palavras: 'Eu estou no meio deles', significando estas palavras que o bebê era Jesus Cristo, que está no meio dos pregadores e dos ouvintes, quando estão e ouvem como devem".[61]

---

[59] "Regra de Santa Clara", em *FF*, p. 2251, n. 2765.
[60] "Quarta Carta", em *FF*, p. 2294, n. 2904.
[61] "Processo de Canonização", em *FF*, p. 2359, n. 3076.

Mas outro episódio merece ser lembrado, mesmo porque a ele está ligada a proclamação de Santa Clara Patrona da Televisão, feita por Pio XII, com o breve *Clarius explendescit*, a 14 de fevereiro de 1959.

É a noite de Natal de 1252, o último Natal terreno de Santa Clara. A Lenda conta que a Madre, gravemente doente, teve a seguinte consolação admirável:

"Naquela hora do Natal, quando o mundo se alegra com os anjos pelo menino recém-nascido, todas as mulheres se encaminham para as Matinas, ao lugar de oração, deixando sozinha a Madre submetida pela doença.

E, tendo começado a pensar em Jesus Menino e sofrendo muito por não poder participar do canto de louvores, disse a Ele suspirando: 'Senhor Deus, eis-me deixada aqui sozinha por Ti!' E eis que inesperadamente começou a soar em seus ouvidos o maravilhoso concerto que se realizava na igreja de São Francisco.

Ouvia os frades salmodiar com júbilo, seguia as harmonias dos cantores, percebia até os instrumentos. O local não era de forma alguma tão próximo que permitisse humanamente a percepção daqueles sons: ou aquela celebração solene se fez divinamente sonora, até atingi-la, ou sua audição foi reforçada além de toda a possibilidade humana.

Antes, o que vai além desse prodígio de audição, ela foi digna de ver até o presépio do Senhor. Quando, pela manhã, as filhas foram ter com ela, a bem-aventurada Clara disse: 'Bendito o Senhor Jesus Cristo, que não me deixou sozinha, quando vós me abandonastes! Realmente, ouvi, por graça de Cristo, todas as cerimônias que foram celebradas esta noite, na igreja de São Francisco'".[62]

No dormitório de São Damião, ninguém percebeu o que estava ocorrendo. As irmãs estavam em oração na pequena igreja do mosteiro e Clara, no mais absoluto silêncio, transpondo a oração das palavras, ajudada pelo seu pungente sofrimento, punha o espírito além do breve e pobre espaço que circundava para encontrar-se com o infinito.

Clara – escreveu Ezio Franceschini – ouviu e viu o que veem e ouvem os santos, quando o Senhor os toma pela mão e, introduzindo-os em seu coração, torna luminoso para eles todo o elemento humano e dá consciência a cada desejo, a cada esperança deles.

No dormitório de São Damião, nada de extraordinário aconteceu e, a um só tempo, a coisa mais extraordinária do mundo: o milagre do amor".[63]

Quando a elevação mística supera a finitude humana, não valem mais nem a lei dos espaços nem a do tempo. A contemplação do divino ultrapassa os limites da razão e transmuta toda a criatura que quer morrer por amor, em *alter* bebê, porque é da dor dos homens de que necessita a criança posta na manjedoura, para tornar cumprida a missão a ela confiada pelo Pai.

---

[62] "Lenda de Santa Clara", em *FF*, p. 2419-2420, n. 3212
[63] E. FRANCESCHINI, "A noite de Natal de 1252", *em Chiara d'Assisi*, Resenha do Protomosteiro, II (1954), p. 69-74.

A contemplação da Criança gera em Clara a mais íntima e intensa comunhão com Maria e com ela se alegra e sofre, aceitando com humildade e obediência o desígnio que o Espírito projetou do abismo dos séculos.

A pobreza de Clara

Não há dúvidas: Clara é a criatura que mais do que as outras compreendeu a espiritualidade de Francisco. Jamais vacilou; não repensou jamais as escolhas iniciais; não cedeu nem mesmo às ponderações, às sugestões, aos insistentes convites dos Pontífices.

Era tão segura de ter Cristo como esposo, em sua experiência, que jamais tencionou afastar-se, com a total e nunca falha solidariedade das "irmãs", de sua linha de máximo rigor.

Sua vida espiritual, como se pode deduzir das fontes, realiza-se em duas escolhas fundamentais: Pobreza e Reino de Deus em Cristo, pobre e humilde, que se tornam, no itinerário de Clara, a única estrela polar: Cristo rei da glória e único caminho para a presença do Espírito, na história dos homens.

Clara tem disso lúcida consciência. Basta ler alguns trechos da primeira carta a Inês de Praga:

"Ó feliz pobreza! Proporcionas riquezas eternas a quem te ama e te abraça.

Ó santa pobreza! A todos os que te possuem e desejam, Deus promete o reino dos céus e oferece, de modo infalível, eterna glória e vida feliz.

Ó pia pobreza! Tu o Senhor Jesus Cristo, no qual estavam e estão como potência o céu e a terra, já que bastou um aceno de Tua palavra e todas as coisas foram criadas, dignou-se abraçar de preferência a qualquer outra coisa...

Certamente sabeis – estou bastante segura disto – que o reino do céu o Senhor o promete e dá somente aos pobres, porque, quando se amam as coisas temporais, perde-se o fruto da caridade; e que não é possível servir a Deus e a Mamona, porque ou se ama um e se tem ódio ao outro, ou se serve o segundo e despreza o primeiro. E o homem coberto de vestimentas não pode pretender lutar contra o nu, porque é mais rapidamente jogado à terra quem oferece uma presa ao adversário; nem mesmo é possível ambicionar a glória neste mundo e reinar, depois, lá em cima com Cristo; e é mais fácil que um camelo passe pelo fundo de uma agulha do que um rico suba aos reinos celestes. Por isto, jogastes fora as vestes supérfluas, isto é, as riquezas terrenas, a fim de não sucumbir nem mesmo um ponto da luta e poder entrar no reino dos céus pelo caminho estreito e a porta *angusta*".[64]

A experiência de Clara é linear, nua, total: sua pobreza é não só pobreza material, mas também pobreza de espírito: "... não temíamos nenhuma pobreza, fadiga, tribulações, humilhação e nenhum desprezo do mundo, que até tínhamos em conta de grande delícia...".[65]

Desprende-se de toda a possível ilusão terrena, para repor a si mesma inteira na espera dele, o Senhor.

---

[64] "Primeira Carta", em *FF*, p. 2284-2286, n. 2864-2867.
[65] "Regra de Santa Clara", em *FF*, p. 2256, n. 2278.

A pobreza de Clara é abrir-se sem reticências diante do Pai, com fé ilimitada nas promessas evangélicas feitas aos pobres, segundo o texto de Mateus e de Lucas; é, pois, abandonar-se, sem limitações e sem condições, a Deus que é Amor.

"Não vos afasteis de vosso propósito – escreve Gregório IX naquele *Privilégio da Pobreza* que, concedido pela primeira vez por Inocêncio III, constitui a base da experiência espiritual de Clara – não vos afasta de vosso propósito o medo de que vos falte alguma coisa; porque a esquerda do Esposo Celeste está em vossa cabeça... e Aquele que alimenta os pássaros do céu e veste os lírios do campo não vos deixará faltar nem alimento nem roupa... vendei, pois, tudo e o distribuí aos pobres, propondo-vos não ter posses de espécie alguma, seguindo em tudo as pegadas daquele que, por nós, se fez pobre (e caminho e verdade e vida)."[66]

O reino é dos pobres: o bem está sempre presente no espírito do homem, mas sua presença é tanto maior, difusa, quanto maior é o espaço que encontra livre do desejo ardente do mundo.

Quanto mais completo e profundo é o vazio que gera o desprendimento, tanto mais cheio se está de Deus, tanto mais perfeita é a comunhão com as pessoas da Santíssima Trindade. Em Clara, a pobreza é *kénosi,* a anulação completa do eu e de seu orgulho que, antes, em vez de produzir sofrimento, produz o gozo da plenitude do Bem possuído. O segredo de Clara está todo aqui: "É no ter querido,

---

[66] "Privilégio da pobreza", em *FF*, p. 2453, n. 3279.

procurado e amado, na raiz de toda a sua existência, esta herança de pobreza, de humano sofrimento, por amor de Cristo pobre e sua Mãe virgem; e vê-la levada por Ele, pela mão sábia de Francisco, ao sumo grau com a loucura dos santos".[67]

Igual à de Francisco, a pobreza de Clara esquiva-se mesmo a ter um ninho estável aqui embaixo, embora humilde. É pobreza que torna nômade no caminho de fé para a terra prometida: é caminhar continuamente, sem parada fixa, sem lugar onde repousar a cabeça, como Cristo.

Mesmo no estreito âmbito dos muros claustrais, Clara vive sua contínua migração na fé. Caminho sem trégua para o Reino, mesmo na certeza de não poder transpor o limiar aqui embaixo, antes, experimentando por isto, a cada instante, a angústia por um desejo que não se é capaz de satisfazer.

Clara, pois, não se sente nunca em casa nem mesmo entre os muros de São Damião. "As irmãs – escreve na Regra – não se apropriariam de nada, nem da casa, nem do lar, nem de qualquer coisa e, como peregrinas e forasteiras neste mundo, servindo ao Senhor em pobreza e humildade, mandam com confiança para a esmola. E não devem envergonhar-se, pois que o Senhor se fez por nós pobre neste mundo. É isto qual vértice da altíssima pobreza, que vos tornou minhas irmãs caríssimas, herdeiras e rainhas do reino dos céus, vos fez

---

[67] CHIARA AUGUSTA LAINATI, Una *"Lettura di Chiara d'Assisi attraverso le fonti",* Porciúncula, Assis 1978, p. 4.

pobres de bens, mas ricas em virtude. Seja esta a vossa parte de herança, que introduz na terra dos vivos."[68]

Nenhuma casa, portanto, porque possuí-la faz despertar a sensação de sentir-se seguros, de ficar satisfeitos e prisioneiros no nicho conquistado.

Um só, para ela e suas "irmãs pobres", é o mosteiro: a humildade pobre e crucificada do Senhor Jesus.

É a fonte secreta, da qual se alimenta Clara, que se mostra sempre forte, pobre, límpida, linear e segura em sua viagem de fé, até o encontro com a irmã morte.

Oração e contemplação

Mesmo entre a pobreza, como a entenderam Clara e Francisco, e a contemplação, o caminho é breve: tornar-se pobre é tornar-se contemplativo, isto é, abrir-se ao Espírito Santo.

Na noite da fuga da casa paterna, para chegar à Porciúncula, com 18 anos apenas, fecha-se às costas de Clara o mundo, mas abrem-se-lhe os espaços ilimitados do mistério de Deus. Neste mistério, Clara penetra; e a clausura material, mais que sinal de restrição, fechamento, é o sinal de limite além do qual está a própria liberdade de que gozava Francisco, quando sozinho dialogava com o Senhor francamente.

Para Francisco, Clara é esposa do Espírito Santo, para encarnar Cristo, como Maria. O silêncio

---

[68] "Regra de Santa Clara", em *FF,* p. 2258, n. 2795.

contemplativo de Clara é a condição para acolher o Espírito do Senhor e para dar misticamente Cristo à Igreja, como, por sua fé e em espírito de total obediência, deu-o Maria na carne.

"É a própria verdade que o afirma: Aquele que me ama será amado por meu Pai e eu também o amarei; e viremos a ele e nele poremos nossa morada.

Da mesma forma que a gloriosa Virgem das virgens trouxe Cristo materialmente em seu seio, tu também, seguindo seus vestígios, especialmente em sua humildade e pobreza, podes sempre, sem nenhuma dúvida, trazê-lo espiritualmente em teu corpo casto e virginal. E conterás em ti Aquele no qual tu e todas as criaturas estão contidas e possuirás aquilo que é bem mais duradouro e definitivo, mesmo em comparação com todas as outras posses transitórias deste mundo."[69]

Clara achava, pois, na experiência de Maria na Anunciação, o modelo da experiência sua e de suas "Irmãs Pobres", na vida do Espírito, como aliás as havia ensinado Francisco, no início de São Damião, em 1212-1213.

Ademais, a clareza dessa consciência é confirmada pela leitura de algumas testemunhas do processo, a começar por Sóror Inês de Opórtulo:

"Perguntada por quanto tempo ficou ali aquele bebê, respondeu: por grande parte da prédica. E disse que, então, parecia que grande esplendor houvesse ao redor da dita Madre Santa Clara, não como de coisa material, mas quase resplendor de estrelas.

---
[69] "Terceira Carta", em *FF*, p. 2291, n. 2892-2893.

E disse que essa testemunha, pela mencionada aparição, sentia suavidade inexplicável. E, depois disso, viu outro esplendor, não como o daquela cor do primeiro, mas todo vermelho, de modo que parecia atirar para fora certas centelhas de fogo; e circundou toda a dita santa e cobriu toda a sua cabeça. E, duvidando dessa testemunha o que seria isso, foi-lhe respondido, não com palavras, mas dito em sua mente: *Spiritus sanctus superveniet in te*".[70]

E sóror Francisca do Senhor Capitão de Colle de Mezzo disse, ainda no processo, "que uma vez, no dia primeiro de maio, essa testemunha viu, no seio desta senhora Clara, diante de seu peito, um bebê belíssimo, tal que sua beleza não poderia ser descrita; e essa mesma testemunha, por ver aquele bebê, experimentava indizível suavidade de doçura. E sem dúvida acreditava que aquele bebê fosse o Filho de Deus".[71]

Mas então, como se punha Clara diante de Deus? Qual teria sido seu caminho de oração? Na Regra, Clara procura indicar, como primeira conquista, a pureza de coração, porque esta é a condição para oferecer-se como campo aberto e desobstruído à presença do Espírito, meta de todo o desejo.

Na carta do cardeal Raimondo de Óstia (1252), introduzida na Bula da Regra entregue a Clara dois dias antes de sua morte, está escrito: "Como vós, filhas diletas de Cristo, haveis desprezado as vaidades e os praze-

---

[70] "Processo de Canonização", em *FF*, p. 2360, n. 3076.
[71] "Processo de Canonização", em *FF*, p. 2355, n. 3062.

res do mundo e, seguindo as pegadas do próprio Cristo e de sua Santíssima Mãe, escolhestes morar reclusas e dedicar-vos ao Senhor, na pobreza suma, para poderes com ânimo liberto, servir a Ele, nós, louvando no Senhor vosso santo propósito, de bom grado queremos, com afeto paterno, conceder benévolo favor a vossos votos e a vossos santos desejos".[72]

"Clauso corpore... mente libera", este é o caminho para guardar o espírito de oração. Mas não basta ter o coração livre e puro, é também necessário ter desejo ardente do Senhor: é este desejo que dá à oração a força de penetrar no mundo de Deus, para abraçar com amor Cristo pobre e crucificado, até tornar-se imagem de sua divindade.

Os escritos de Clara, especialmente as quatro cartas endereçadas à beata Inês de Praga, são todos centrados nesse desejo. Na primeira carta, escreve: "... enchei-vos de coragem no santo serviço que iniciastes, pelo ardente desejo do Crucificado pobre. Ele, por todos nós, suportou o suplício da cruz, roubando-nos do poder do Príncipe das trevas, que nos mantinha presos com correntes, em consequência do pecado do primeiro homem, e reconciliando-nos com Deus Pai".[73]

"Deixa-te – está escrito na quarta carta – queimar sempre fortemente por este amor de caridade!

Contempla ainda suas inefáveis delícias, as riquezas das honras eternas, e grita com todo o ardor de teu desejo e de teu amor: Atrai-me a ti, ó celeste

---

[72] "Bula do Papa Inocêncio IV", em *FF*, p. 2248, n. 2748.
[73] "Primeira Carta", em *FF*, p. 2284, n. 2863.

esposo! Atrás de ti, correremos atraídos pela doçura de teu perfume."[74]

A oração de Clara subia, até tocar o ápice da contemplação: contemplação ativa a sua; punha todo o seu ser em Cristo, para realizar a páscoa com Ele no desejo, pondo-se nas condições de pobreza e humildade, que foram do próprio Senhor.

Despojar-se de tudo, de todo o desejo relativo à vida terrena, para alimentar somente o desejo da verdadeira vida com Cristo, em Deus.

Reduzir-se ao nada – privando o próprio eu de toda a volúpia da carne e de todo o orgulho da alma –, reduzir-se ao silêncio de um espaço vazio, para deixar viver em si o amantíssimo Esposo. "Bem-aventurados os pobres de espírito, porque deles é o reino dos céus" (Mateus 5,3).

E Jacoba, louca de amor por seu Senhor, parafraseia: "Alta nulidade – teu ato é tão forte que abre todas as portas – entra no espaço infinito... ver sem figura – a suma verdade com a nulidade – de nosso pobre coração" (Lauda XCI).

É assim que o Filho de Deus se revela: uma luz arrebenta as barreiras de nossa finitude e arde na alma nua e pobre, para aí fazer sua morada. Assim o Filho de Deus morreu no seio de Maria.

E a luz que Clara tinha no coração era tão ardente e intensa que se projetava exteriormente, transparecia e iluminava seu corpo.

"E, na oração e na contemplação, era assídua: e quando voltava da oração, sua face parecia mais

---

[74] "Quarta Carta", em *FF*, p. 2295, n. 2905-2906.

clara e mais bela que o sol. E suas palavras punham para fora doçura inenarrável, de sorte que sua vida parecia toda celestial."[75]

Mas não se pense que a vida de Clara tenha sido sempre pacífico e feliz conúbio com o Senhor.

A união tem também suas sombras, suas obscuridades. Clara também teve sua longa noite de sofrimento e bebeu até o fim o cálice da tribulação. Como revelam seus escritos.

Conheceu vinte e nove anos de doença e fez a experiência de seu próprio esposo, pobre e crucificado, pregado a lenho até sofrer juntamente com Ele sua própria paixão.

Como teria podido escapar à prova de sangue do Esposo, se desejava ardentemente ser em tudo semelhante a Ele?

O sofrimento moral e físico é a prova de fogo para mostrar que estamos prontos à doação total, como a da esposa do Cântico dos Cânticos, na qual Clara exprime o ardor de sua alma que anela pelo abraço do Esposo.

O amor pelo Esposo leva a alma totalmente dócil a sua vontade a expressões que podem parecer muito humanas: "Correrei, sem jamais me cansar, a fim de que tu me introduzas em tua cela inebriante. Então, tua esquerda passará sobre meu peito e tua direita me abraçará deliciosamente e tu me beijarás com o felicíssimo beijo de tua boca".[76]

---

[75] "Processo de Canonização" em *FF*, p. 2336, n. 3002.
[76] "Quarta Carta", em *FF*, p. 2295, n. 2906.

Não acha palavras mais adequadas que essas para exprimir seu desejo de ser possuída por um Deus que é Amor, que é o Amor. O pouco que escreveu Clara o referiu a sua experiência, e seu estar com Deus, nas núpcias que são participação na profundidade infinita da união entre as pessoas da Santíssima Trindade. E, como em Maria, sua misteriosa experiência fica escondida sob um véu de silêncio. Só no momento da morte, quando se prepara para ultrapassar o limiar de sua finitude para entrar plenamente no Reino, Clara levantará esse véu. "Também disse que – revela sóror Amata, do Senhor Martino de Coccorano, no Processo – estando essa Senhora Clara quase no momento de passar desta vida, isto é, na sexta-feira antes de sua morte, disse à testemunha que tinha ficado sozinha com ela: 'Vês tu o Rei da glória, que eu vejo?' E disse isto várias vezes e, poucos dias após, expirou."[77]

Doce baluarte de Assis

Clara não deixou de colocar a eficácia de sua oração também como proteção não só de sua comunidade, mas até de sua amadíssima cidade.

Sua clausura não foi jamais separação, mas participação e condivisão.

Em 1240, o Imperador Frederico II, excomungado pela segunda vez, tencionava impor a própria autoridade imperial a toda a península. Olhava

---

[77] "Processo de Canonização", em *FF*, p. 2341, n. 3017. Cf. citação p. 79, de "A Lenda de Santa Clara".

com muito interesse Assis que, já atingida a autonomia comunal, levava uma política filopapal. Frederico mandou suas tropas contra a cidade; São Damião, fora dos muros, era particularmente exposto ao ataque. Um bando de sarracenos, a soldo de Frederico, transpondo o muro de proteção, desceu até o pequeno claustro, tentou violar a clausura. Clara recolheu as irmãs em oração e, erguendo-se no leito, embora gravemente doente, convidou a comunidade a rezar ao Senhor. A força dessa oração foi tal que os sarracenos desistiram e se retiraram.[78]

Mas São Damião conheceu, no ano seguinte, 1241, segunda agressão, ainda no quadro da chamada "guerra de Assis".

O assédio da cidade, por parte de Vitale de Aversa, no comando das tropas de Frederico II, subiu novamente, no verão de 1241.

Sóror Francisca de Senhor Capitão Colle Mezzo assim conta no Processo: "Disse também que, sendo outra vez dito por alguém à citada senhora Clara que a cidade de Assis deveria ser traída, essa senhora chamou as irmãs e lhes disse: 'Muitos bens recebemos desta cidade; por isto, devemos pedir a Deus que a guarde;' E ordenou que, na manhã, viessem ter com ela; e assim as irmãs, como lhes fora mandado, foram de manhã cedo a ela. E tendo vindo, a mencionada senhora mandou trazer cinzas e baixou todos os seus panos e assim quis que fizessem todas as outras irmãs. Depois, tomando

---

[78] Cfr. "Processo de Canonização", em *FF*, p. 2323, n. 2963.

a cinza, colocou-a por primeiro em grande quantidade, em sua cabeça, novamente tonsurada; e, depois, colocou um pouco da cinza na cabeça de todas as irmãs. Feito isto, mandou que todas fossem à oração na capela; e foi feito de tal modo que, no dia seguinte, de manhã, partiu aquele exército, tendo sido rompido e batido. Desde então, a cidade de Assis não teve mais nenhum exército contra si. E, naquele dia da oração, as irmãs fizeram abstinência e jejum a pão e água. E algumas delas não comeram, naquele dia.

Interrogada sobre quanto tempo fazia isso, respondeu que foi no tempo de Vitale de Aversa".[79]

Assis lembra ainda este episódio, com a festa chamada "Festa do Voto".

Os cidadãos de Assis consideraram Clara, ainda viva, intrépido e doce baluarte em sua defesa e entregavam-se a ela, com plena confiança, mesmo para terem garantia do cumprimento de obras de caridade cristã e de legado em favor dos pobres, como sucedeu para o cumprimento do testamento de Jacó de Estéfano, de Presbitério.[80]

---

[79] "Processo de Canonização", em *FF*, p. 2354-2355, n. 3061.
[80] ARNALDO FORTINI, *Nova vita di S. Francesco,* Biblioteca Storia Patria, Assis 1977, vol. 1, p. 437.

MEDITAÇÃO EM SÃO DAMIÃO

Através da Porta Nova, saí dos muros de proteção de Assis. Tomei a estrada íngreme que desce a São Damião. Só o rumor de meus passos quebrava o silêncio encantado da esplêndida campina. Quando cheguei ao fim da descida, parei um instante a fim de preparar-me para a emoção que provaria ao rever a pracinha diante do convento e a humilde fachada da igreja. Com coração sereno, desci os degraus e, à esquerda, vi as portas escancaradas da casa que foi das damianitas.

Ao redor, os ciprestes balançavam-se alegres, enquanto, dos olivais, ouvia-se agradável chilrear de pássaros. Nenhuma outra pessoa.

Em São Damião, pode-se ainda colher a simplicidade e o silêncio que os lugares franciscanos devem dizer a nós, homens imersos na complicada engrenagem da vida hodierna, transtornados por tantos ruídos e estressados por tanta pressa. Toquei as pedras que Francisco ordenou com suas mãos, para restituir um teto a seu Senhor, enquanto, do coreto, me chegava cantilenante a voz dos frades recolhidos para a récita das vésperas. À esquerda, a porta que leva ao claustro: entrei nas pontas dos pés. Nada o tempo mudou: nem o refeitório de baixas arcadas e de mesinhas nuas grosseiramente trabalhadas, nem a capela, nem o terracinho onde a santa cultivava suas flores e que permite ver, de longe, no meio da planície, a grande Basílica de santa Maria dos Anjos, com a cúpula de Alessi, que cobre, infelizmente, a Porciúncula, coração pulsante de toda a experiência espiritual de Francisco. Admiro os bordados das estradas, desenhados entre as chácaras, os olivais que vestem os morros de Bettona, na vertente oposta, que, humilde e silenciosamente, assoma para gozar a beleza dos campanários, das torres, da mole do Sagrado Convento de Assis, pousada docemente nas encostas do Subásio.

Com esforço, desprendo-me daquela visão.

No dormitório comum das damianitas, uma cruz marca o local em que Clara entregou a alma a Deus. Revejo a santa estendida em seu catre, com seu Bebê divino entre os braços. Estou só, ninguém acompanhou meu itinerário. Verdadeiro privilégio.

Encontro-me cara a cara com a Santa, da qual as coisas humildes que me rodeia retêm ainda a respiração, a doçura das orações. Aquele espaço santo, tão breve e recolhido, convida à meditação.

Clara, peço-te vênia se ouso tanto, mas tua humildade, tua disponibilidade de ouvir quem tem necessidade me encoraja a externar-te meus pensamentos, meus anseios. Tiveste o privilégio de ouvir e ver a solene celebração de Natal, que se realizava na basílica erguida em honra de Francisco: estavas gravemente doente e te achavas na absoluta impossibilidade de locomover-te, de chegar aqui embaixo, na pequena igreja de teu mosteiro. A visão que alegrou tua alma jorrou de teu amor pelo Menino e do amor misericordioso deste para com tua alma límpida como gota de orvalho num fio de erva do Subásio. Amor te transmitiu o som e as imagens daquela celebração eucarística e amor te permitiu recebê-los, para alegria de teu espírito.

Agora, o homem, com o progresso de seus conhecimentos científicos e suas conquistas técnicas, tem a possibilidade de ver de um modo que, para ti, foi miraculoso. A generosidade do Senhor é grande e sua confiança no homem não tem limites, tanto que lhe permite até conquistas mais audazes.

Para transmitir os sons e as imagens, há o homem com sua finitude; para receber sons e imagens, há milhões de homens, frágeis e frequentemente incapazes de avaliar criticamente o que ouvem e veem. Mesmo hoje, há necessidade de que brilhe a luz de teu milagre de amor. Para transmitir os sons e as imagens, que haja homens com o coração cheio de respeito pelos irmãos; para recebê-los, homens com o coração aberto à condivisão, à comunhão! Infelizmente isto nem sempre ocorre. A avidez de lucro e as leis selvagens de mercado sem regras ou com a única regra do proveito ameaçam transformar as transmissões de sons e imagens a distância em meio de plagiar os espíritos, para domesticar as necessidades, para transformar o homem em mero consumidor de bens materiais.

Caríssima Madre, Deus pôs nas mãos do homem instrumento tão poderoso e persuasivo que permite, quando bem empregado, pela primeira vez na história da humanidade, a edificação de uma comunidade planetária. Constata-se, porém, que muito frequentemente os canais de comunicação são fechados, distorcidos.

Esperava-se construir rapidamente um tecido conetivo de solidariedade, mas observa-se, nos fatos, a cada dia, a multiplicação de contraposições até cruentas, os egoísmos, os ódios.

Os homens mais sagazes e sábios estão convencidos de que isto deve ser atribuído, em parte considerável, à comunicação mais empenhada em multiplicar os ouvintes do que em procurar a verdade.

A comunicação é muito frequentemente entendida como instrumento de propaganda, de poder, de domínio; é sempre mais usada para fingir, esconder, distorcer.

As mensagens transmitidas frequentemente traem a solidão, as frustrações daqueles que as transmite: aquele que tem no coração restrições, discriminações; aquele que não consegue, por superficialidade e pressa, descer às profundezas de seu eu, para conhecer o silêncio da própria consciência, como pode conhecer os outros, como pode comunicar solidariedade aos outros? Seu gueto traz o risco de "guetizar" o mundo.

Já a potência dos meios de comunicação de massa é tal e a malha dos canais das redes tão capilar e difuso que, até o menor dos lugares, em que ocorre um evento, pode pôr-se, em tempo real, no centro do sistema planetário.

Hoje é concretamente realizável a unidade do mundo, descobrir e respeitar as leis da complexidade universal. Se o que se transmite é concebido para conquistar e, depois, possuir os outros, sons e imagens se tornam armas sempre mais perigosas que as das guerras tradicionais, porque permite conquistar e escravizar, sem que a vítima o perceba e tenha consciência disso. O instrumento, na verdade, pode tornar-se instrumento de escravidão, mormente para os mais humildes e desavisados.

Se os modelos de vida propostos aos jovens são os da televisão atual, como se pode pretender que a juventude, mais exposta e indefesa, que já representa faixas muito extensas, não acabe por tornar-se criminosa ou por desprezar a própria vida e a dos outros? "Hoje, não mais é o homem que passeia pelo mundo, mas é o mundo que passeia pelos olhos do espectador", através do filtro mágico da TV, que pode transformar a realidade, passeando sem meta, perambulando, na projeção arbitrária dos interesses e das ideias dos donos e de seus assistentes.

Em vez de ser instrumento de conhecimento, pode tornar-se instrumento de alienação ou de engano.

Caríssima Clara, tu que sempre amaste e continuas a amar, com a mesma intensidade do amor do Crucificado, os mais fracos, os marginalizados, em um mundo composto ainda de maioria de analfabetos e famintos, podes compreender que diabólico projeto o instrumento pode permitir realizar. Mas quem concebe este projeto se esquece de que, na história, está presente Ele e, com Ele, o amor não poderá não prevalecer sobre a perdição e a morte. Como tua visão foi preparada pela penitência, pela oração e pela doação total, assim a televisão de amanhã, com tua ajuda e pela inteligência de todos os homens de boa vontade, não poderá não espelhar a superação dos egoísmos, da avidez de domínio, e superação dos bloqueios e das dificuldades de comunicação que hoje ocorrem nas relações interpessoais e familiares. Para que o novo milagre se faça, devemos reconhecer que nós estamos doentes, antes e mais que a TV. Somos nós que perdemos o sentido do pecado e, portanto, da fraternidade. A humanidade, após as tragédias deste século, conhecerá novo e mais feliz estágio? Este que vivemos é certamente a idade infantil dos meios de comunicação social.

Caríssima Clara, bilhões de imagens, bilhões de bilhões de dados serão postos a nossa disposição, mas, no fim, tomando por base nossa finitude, descobriremos também a eloquência do silêncio, para aprender a ouvir-nos reciprocamente e tomar justa distância das situações, para melhor avaliá-las e tamisá-las e, portanto, endereçar nossos passos, com menor probabilidade de erro, para o bem comum. Saberemos estabelecer, com a TV, relação de serviço, para nosso crescimento cultural e civil.

Agora, o risco que corremos é que o bombardeio de mensagens contraditórias, violentas, dissolutas, leve-nos a perder o prazer e o gosto de viver para nós e para os outros e que a grande massa se abandone ao mais deletério ceticismo e à mais fria indiferença, afastando os dias do renascimento.

Amantíssima Clara, devolvendo espaços ao silêncio, como soubeste fazer, descobriremos o senso de responsabilidade que frequentemente agora nos falta e conquistaremos a graça do discernimento, para fazermos da TV meio de difusão, por toda a parte, da mensagem da dignidade e da liberdade do homem, para que as palavras, os sons, as imagens sejam continuidade dos tesouros guardados nas profundezas de toda a consciência.

Caríssima Clara vejo-te vindo a meu encontro.

Espero o conforto de tua anuência, de ouvir tua voz, mas tu procedes lentamente, luminosa, sem proferir palavra, tendo nas mãos um punhado de cinzas. Tu as espalhas pela cabeça e, depois, me convidas a oferecer-te a minha, para repetires em mim o rito. Nenhuma palavra, só o dom de teu silêncio.

Aproxima-se um frade alto, jovem, que me convida amavelmente a sair do lugar sagrado. O convento, à noite, fecha-se como as flores dos campos vizinhos.

Antes de sair do catre em que expirou a Santa, benzo-me fugazmente.

Voltando à pracinha, o farfalhar dos ramos de oliveira se confunde com o humilde canto dos menores reunidos na pobreza do coro.

"As cotovias que são amigas da luz e têm medo do escuro"[81] estão à procura de um abrigo para a noite que impede.

Com Clara no coração, sinto ter conquistado maior segurança interior. Desço para a autoestrada, após alguns passos, alcança-me o ruído dos motores da interminável teoria dos automóveis e o estridor das buzinas de tantos impacientes turistas.

---

[81] SÃO BOAVENTURA DE BAGNOREGIO, "Lenda Maior", em *FF*, p. 959, n. 1245.

Índice

APRESENTAÇÃO 5

INTRODUÇÃO 7

O AMBIENTE HISTÓRICO 7
Situação política e religiosa 7
Assis no século XII 12
Espiritualidade feminina penitencial
na Úmbria, nos séculos XII e XIII 17

SANTA CLARA 25

A SUA VIDA 25
O exemplo de Francisco 25
A grande decisão 29
A oposição da família 34
São Damião e as "Damianitas" 36
Abadessa 42
A Regra das Clarissas 45
A doença 47
Clara e Francisco 51
A morte de Francisco 57
A defesa da pobreza 61
Irmã morte 67
Proclamada Santa 71

ASPECTOS DE SUA ESPIRITUALIDADE 77
O amor pelo santíssimo Menino 77

A pobreza de Clara 81
Oração e contemplação 85
Doce baluarte de Assis 91

MEDITAÇÃO EM SÃO DAMIÃO 95